赫尔辛基过大年

HELSINKI CHINESE NEW YEAR

芬兰“欢乐春节”文化庙会活动15年回眸

Review of the Helsinki Chinese New Year in Finland for 15 years

李红艳 编著

CUCP 中国传媒大学出版社
·北京·

编 委 会

编著者：李红艳

译　者：赵竹轩

目录 CONTENTS

前 言

芬兰“欢乐春节”文化庙会活动15年回眸

这里，每年只有两次庆典性烟花表演，一次是在元旦夜，一次是在中国的除夕夜。

这里，每年冬天都会有一项活动如约而至，并成为当地民众的“新节日”，也是他们发自内心的期盼。

这里，是芬兰，赫尔辛基。

2006年，北京市与芬兰赫尔辛基市缔结成为友好城市。

2007年，芬兰“欢乐春节”文化庙会活动首次登陆赫尔辛基。此后延续不断，每年数万人参与，无惧严寒与风雪。

芬兰“欢乐春节”文化庙会活动已成为当地民众的“新节日”

“欢乐春节”以“欢乐、和谐、对话、共享”为主旨。15年来，活动规模逐渐扩大，参与人数不断增长，影响力稳步提升，成为联系海内外华人的情感纽带。

宜融则融，能融尽融，以文促旅，以旅彰文。近年来，“文旅融合”成为热词，文化和旅游融合发展成为提升人民美好生活的题中应有之义。芬兰“欢乐春节”文化庙会活动，践行其中，行稳致远。

共度中国春节、同享中华文化、共建和谐世界，芬兰“欢乐春节”文化庙会活动的精神谱写出一曲文化无国界、友谊无国界的世界交响乐。

15年，初心如磐，心通意合，以心相交，方成久远。

代序一

一场“小龙虾”晚宴背后的故事

受访者：马克卿

时任中国驻芬兰大使

芬兰“欢乐春节”文化庙会活动15年一路走来，有一位关键人物，她，就是时任中国驻芬兰大使马克卿。

马克卿大使（左二）在2008年“欢乐春节”文化庙会活动现场留影

“2007年的赫尔辛基，冬天非常寒冷。为了御寒，现场搭建了很多帐篷，‘庙会’之名由此而来。”这是马克卿大使回忆的一个小小片段。相比于那一年活动现场的情况，让她印象更加深刻的是筹备2007年第一届“欢乐春节”文化庙会活动的幕后故事。

当时，使馆方面征询了很多在芬兰的华人的意见，一开始大家都有所犹疑，包括天气寒冷、场地选择等执行中的细节问题。然而，“第一次吃螃蟹”可能多是如此，之前疑虑重重，一旦迎难而上行动起来之后，华人华侨都踊跃参与，成为“欢乐春节”文化庙会活动中一支不可或缺的力量。

经赫尔辛基市文化局（现赫尔辛基市文化和休闲部）和芬中协会的商讨、研究，出于活动效果和安全等因素的考虑，第一届活动选址于赫尔辛基市水晶宫广场，这是一个相对封闭且易于管理的区域。“没想到，第一届活动就吸引了2.5万人参与，尤其是帐篷摊位里的中国美食，非常受欢迎。而欢乐的人们成群结队地步行到湖边看烟花的场景也蔚为壮观。第一届活动的成功举办，充分调动了华人华侨参与活动的积极性，使各参与方，包括我本人在内都增强了信心。”马克卿大使说。

回首来路，马克卿大使认为，芬兰“欢乐春节”文化庙会活动在赫尔辛基之所以能够成功落地，得益于几个契机。

第一个是文化部对外联络局（现文化和旅游部国际交流与合作局）的肯定与支持。马克卿大使于2006年出任中国驻芬兰大使。当时，文化部在全球20多个国家和地区开展“欢乐春节”系列活动，在国际上取得了一定的影响力。她希望在芬兰也可以举办“欢乐春节”活动，进一步促进中芬之间的人文交流。为此，她拜访了文化部对外联络局，提出使馆方希望在芬兰首都赫尔辛基市举办春节庙会活动的想法，并征询文化部意见。文化部对外联络局当即表示支持。

第二个是一场温暖人心的“小龙虾”晚宴。2006年，马克卿大使到任芬兰后，结识了芬兰企业家安蒂·毕波（Antti Piippo）先生。毕波先生经营的艾科泰公司，在中国开设了工厂，专为芬兰诺基亚公司制作手机壳。当时，诺基亚在中国的业务蓬勃发展，拥有很大的手机市场份额。毕波先生对他在中国的企业经营状况也非常满意。

在马克卿大使的欢迎晚宴上，芬兰前总理埃斯科·阿霍（Esko Aho）、《赫尔辛基报》（《赫尔辛基日报》）的记者、《芬兰画报》的主编等也受邀出席。

欢迎晚宴的主菜是“小龙虾”，现场高朋满座，气氛十分热闹。马克卿大使和参赞以及政治处主任分别受邀讲话。芬兰前总理埃斯科·阿霍说道：“中国是世界上的大国，一个大国的大使和她的两位同事都可以使用芬兰语交流和表达，我感到有些震惊！在座各位，有谁会讲中文吗？在此，我提议，在赫尔辛基市筹建一所中文学校，请在座有实力的企业家支持并贡献力量！”听到总理先生的号召，在座许多企业家纷纷起立表示同意。

亲眼看到了前总理阿霍先生的强大号召力和在座芬兰企业家的热情，马克卿大使借此机会提出了在赫尔辛基市举办“欢乐春节”文化庙会活动的想法，希望得到支持。芬兰前总理阿霍先生当即表示支持，在座企业家又纷纷起立并热烈鼓掌，表示非常愿意支持这一活动。

第三个是北京与赫尔辛基结为友好城市。2006年7月，时任北京市市长王岐山率团访问赫尔辛基，并与时任赫尔辛基市市长尤西·帕尤宁（Jussi Pajunen）先生共同签署了两市建立友好城市关系的协议。应该说，北京与赫尔辛基的友城关系，为举办芬兰“欢乐春节”文化庙会活动提供了重要条件和广阔平台。

第四个是尤西·帕尤宁先生的关键作用。马克卿大使趁热打铁，邀请刚上任不久的赫尔辛基市市长尤西·帕尤宁先生以及赫尔辛基市文化局领导等相关人员到使馆做客。市长先生开门见山：“我已经在《赫尔辛基报》上看到了相关内容的文章，我当然非常支持举办春节活动。赫尔辛基的冬季十分冷清，几乎没有什么大型活动，我们需要这样的文化活动。我们致力于将赫尔辛基市打造成欧洲文化之都，‘欢乐春节’文化庙会活动正契合了赫尔辛基市的需求。”

双方沟通顺畅且具有实效，最终确定了活动机制：赫尔辛基市文化局作为活动的主管部门，芬中协会协助，使馆方面积极参与。此外，芬兰航空、通力电梯、食品公司等企业作为活动重要赞助方，给予经费支持。

此后，使馆方面第一时间与北京市文化局（现北京市文化和旅游局）取得联系。北京市文化局欣然同意，并表示可以充分调动文艺院团的文化资源，全力支持该项活动。接下来，又经过几轮沟通讨论，中芬双方最终确定：活动经费预算由北京市与赫尔辛基市共同承担，各占50%，同时敲定了芬兰企业家的赞助计划。

这一系列权责明晰、章程有序的活动机制，为芬兰“欢乐春节”文化庙会活动的成功举办打下了坚实的基础。

在交流过程中，尤西·帕尤宁先生饶有兴趣地讲起他孩童时期的故事。在他很小的时候，他就居住在中国驻芬兰大使馆商务处附近，经常翻墙进去，摘商务处院子里的果子吃……也许在那时，他的心中就深埋下了一份中国情结。

缘起，实现；步入正轨，品牌形成。芬兰“欢乐春节”文化庙会活动一路栉风沐雨，务实笃行，马克卿大使内心亦充满感慨。

她表示，非常感谢北京市的文化资源、赫尔辛基市的务实工作、芬兰企业家的商业赞助、芬中协会和华人联谊会的支持协助。“特别值得一提的是，所有参与活动赞助的芬兰企业家完全是出于自愿的，他们履行企业社会责任，积极主动提供赞助。”

“中芬两国人文交流密切，良好的民意基础是关键。良好的民意基础使得政府可以顺利、毫无障碍地做出决策。赫尔辛基市政府积极作为，促进人文交流，又使得民意基础得到不断巩固和加强，催生了更多的合作，例如，中芬通航线路不断增加等，惠及了包括赫尔辛基市民在内的两国民众。”马克卿大使由衷感叹道。

民心相通，文明互鉴，世界命运共同体的交响乐章将一直回响……

代序二

我的活动日历上少不了“欢乐春节”活动

作者：尤西·帕尤宁（Jussi Pajunen）
赫尔辛基市前市长

赫尔辛基市前市长 尤西·帕尤宁

2005年6月1日，我开始担任赫尔辛基市市长。上任后不久，赫尔辛基市政府与北京市政府开始就建立友好城市关系协议进行磋商。该协议于2006年7月14日在赫尔辛基正式签署。

对赫尔辛基市来说，这意味着一个新时代的开始。北京成为赫尔辛基的第一个友好城市。对我们来说，与中国首都建立友好城市关系意味着对亚洲的进一步开放。彼时，中国经济持续多年高速发展，令人瞩目。许多芬兰企业成功进入中国，在北京落户。很多企业在中国市场占据一席之地。

活动得到了很多芬兰企业的赞助（2012年）

亚欧之间的国际旅行日益便利，赫尔辛基也从中受益。赫尔辛基国际机场的客运量每年都在增加，成为欧洲最大的亚洲航线航空枢纽之一。从赫尔辛基飞北京不到8小时，这意味着两座城市在24小时内可实现往返，而这在欧洲很多主要机场都是不可能实现的。这也是我们的一大竞争优势。

2006年，在芬兰，中国和中国经济的腾飞人尽皆知。与此同时，两国各机构间的交流合作也如火如荼地开展起来。在中国工作的芬兰人越来越多，赫尔辛基的华侨群体也迅速发展壮大。在某种程度上，这为双方的合作提供了一个良好的契机，也是赫尔辛基与亚洲城市建立友好城市关系的绝佳时机。两国的首都也就顺理成章地结为友好城市。

在国际上，友好城市的传统可以追溯到第二次世界大战之后的世界重建时期。战后，不同国家的城市间建立了基于友谊的双边合作关系，以此来宣扬和平、增进互信。从那时起，文化交流一直在友好城市关系中扮演着重要角色。进入20世纪，经济发展的重要性愈加凸显。正是在这样的背景下，我们开始筹划赫尔辛基和北京两城之间的文化交流。

很难回想起是谁最早提出在赫尔辛基举行“欢乐春节”文化庙会活动的。我们很熟悉中国春节的概念，了解传统文化也是非常重要的，但两座城市自身也有其他需求。在赫尔辛基，正如前面讲到的那样，民众和企业对中国的兴趣日渐增长。赫尔辛基会说中文的人越来越多，人们也更加意识到旅游业在城市经济发展中的重要作用。

作为一个旅游城市，赫尔辛基需要在年度活动中增加新的节日，特别是在冬季。赫尔辛基这座城市在秋季、圣诞节前和圣诞节期间非常繁忙，但新年过后就显得冷清了。这段时间为举办“欢乐春节”文化庙会活动提供了一个绝佳时间。在芬兰，通常1月底、2月初是户外活动的时间，人们喜欢滑雪和滑冰。赫尔辛基市民还喜欢去乡下享受户外生活。事实上市民和游客确实需要一个游玩的新去处。我们觉得中国春节可以满足这一需要。

从一开始，北京市政府给予了极大的支持和帮助。我们每年都能欣赏到中国最优秀的艺术家的演出。中国驻芬兰大使馆也发挥了重要作用，为演出和活动组织提供了意见和建议。中国驻芬兰大使马克卿女士也亲自参与宣传“欢乐春节”文化庙会活动。在多方的共同努力下，活动大获成功。

2007年2月17日，赫尔辛基举办了第一届“欢乐春节”文化庙会活动。活动主场和春节庙会都设在赫尔辛基市中心的水晶宫广场（Lasipalatsin aukio）。赫尔辛基市文化局（现赫尔辛基市文化和休闲部）在北京市文化局（现北京市文化和旅游局)的支持下，负责该活动的组织。活动持续了一整天。庙会上，游客可以购买和品尝中国美食。当时，中国美食在芬兰已颇负盛名，庙会也取得了成功。

活动的重头戏自然是在中国除夕的辞旧迎新之时，北京的午夜是赫尔辛基下午6点。观众们通过大屏幕能看到北京的直播，共同迎接中国农历新年的到来。下午6点前的几分钟，在活动主场，我作为赫尔辛基市市长，与中国驻芬兰大使一起发表简短致辞。

我认为致辞很好地传达了活动的本质：“在这个全球化的世界，不同文化得以走近彼此。芬兰的贸易和工业与腾飞的中国经济紧密相连。文化多样性是城市繁荣的标志。在当今世界，对不同生活方式的相互了解变得愈加重要。”

随后，我们在赫尔辛基市中心的芬兰地亚大厦（Finlandia Hall）前燃放烟花。时值隆冬，天已经黑了，活动在绚丽的烟花中落下帷幕。

在赫尔辛基的隆冬组织室外活动，低温是个绕不开的问题，因为有时会很冷。第一届“欢乐春节”文化庙会活动很幸运。当时气温约为零摄氏度，略高于平均气温。后来我们注意到，温度对中国春节活动的影响并不大，有多少人来参加活动并不取决于天气。

第一届“欢乐春节”文化庙会活动大获成功，这远远超出了我最初的预期。第一次做一件事，有时并不那么容易，但这个活动受到市民的一致好评。不管是庙会还是演出，参与的人都很多。特别是华侨给我们的反馈相当好。在亚洲开展业务的企业也给予盛赞。于是，我们很自然地决定每年都在赫尔辛基举办“欢乐春节”文化庙会活动，并将这个年度活动固定下来。

在我担任赫尔辛基市市长的那几年里，“欢乐春节”文化庙会活动一直在我的活动日历上。我要亲身去感受这个活动。年复一年，市民对活动的兴趣日渐浓厚。每一届演出都很棒，观众很喜欢。芬兰许多城市和邻近地区都纷纷仿效我们的做法，也想举办自己的中国春节活动。

尤西·帕尤宁市长与舞狮队员互动

多年来，活动最初的理念没有太大变化。中国优秀艺术家的现场表演保证了活动的质量和原创性。大屏幕上来自北京的中央电视台《春节联欢晚会》的直播画面将芬兰同中国连接起来，也让芬兰人感受到了中国春节在全球的影响。活动中会有一些特别环节，例如，2015年的“欢乐春节”文化庙会活动在室外展示了80尊雄伟的兵马俑彩灯，这个环节为赫尔辛基市中心增添了节日的喜庆气氛。

“漂亮的兵马俑”彩灯展（2015年）

“欢乐春节”文化庙会活动成为赫尔辛基市的年度重要活动之一

作为市长，我能深切感受到“欢乐春节”文化庙会活动的重要性。每一年，我都要在台上和中国大使一起发表致辞。我们一起品尝中国菜，会见来自北京的客人，与观众畅谈。人们沉浸在一片欢乐祥和的节日气氛中，令人难以忘怀。

序　一

增进民心相通 扎下根打深井

陈　冬　北京市文化和旅游局局长

北京市文化局（现北京市文化和旅游局）局长陈冬（左）陪同赫尔辛基市长尤西·帕尤宁（右二）参观“魅力北京 激情冬奥”展览（2015年）

2017年4月3日，在对芬兰进行国事访问前夕，国家主席习近平在芬兰《赫尔辛基时报》发表题为《穿越历史的友谊》的署名文章。文章中说：“中芬人员往来密切，人文交流蓬勃发展。中国游客赴芬兰观赏北极光、探访圣诞老人的人数持续增加。”“欢乐春节”文化庙会活动已在芬兰连续举办了11年，成为许多芬兰朋友在隆冬最期待的一个品牌活动。赫尔辛基艺术节中国主宾国活动和在北京举办的“你好，赫尔辛基！”文化活动受到两国人民的欢迎……

以文化凝心聚力，以文明交流互鉴；加强人文交流，增进民心相通，芬兰“欢乐春节”文化庙会活动很好地诠释了这一点。它是讲好中国故事、讲好北京故事的生动实践，经过15年的打造，成功实现了品牌化、精品化、本土化、市场化，成为中国文化从“走出去”到“走进去”的一个成功范例。

交往，交流，交融是一个逐步递进、逐渐深入的过程。对外文化交流，如果不跟当地民众结合起来，让他们真正了解、接受、认可，那就达不到让两国民众心意相通的目的。最初，芬兰“欢乐春节”文化庙会活动是把文化送出去，以中方为主，后来转变成以芬方为主，并且成为当地政府为民众送上的一项文化福利，得到了民众的高度认可。扎下根，播了种，种子再生根发芽，与当地文化融为一体，而非表层化的，这就是本土化的体现。这种本土化也再一次表明，文化交流应该打“深井”，融入当地民众生活，真正实现民心相通。

在爸爸肩头看表演的芬兰儿童

2015年春节，我踏上了芬兰赫尔辛基的土地，亲历了“欢乐春节”文化庙会活动，感触极深。首先是当地民众的参与热情非常高涨。在北欧最寒冷的冬季，人们扶老携幼来参加活动，有的爸爸把孩子扛在肩头观看演出……如此场景，用中国的一个词形容就是“比肩接踵”，这是只有在中国的庙会上才能看到的热闹景象，我为观众的热情、友好而感动。

当地民众参与热情高涨（2015年）

活动现场，非物质文化遗产展示及相关产品展卖特别受欢迎，让我看到了当地民众对中国文化的喜爱。我记得当时有几个年轻人，其中一个曾在北京体育大学留学。他特别喜欢中国武术，自己编印了一本讲解中国武术的书，特意拿给我看。我翻看着那本书，一页页、一篇篇，更能感受到他对中国武术的由衷热爱。另外，当地餐馆在现场展卖中国的美食小吃，也大受欢迎。2015年的活动，资源整合更充分，参与机构更多，内容更加丰富多样，将文艺演出、展览展示、非物质文化遗产项目、文创产业等有机结合，可谓“美艺+美技+美食”，相得益彰，大放异彩。

该项活动在当地扎下根的另一个生动佐证，是打造了一道“游走的中国文化”风景线。按照惯例，活动是当地时间下午2点开始，相当于北京时间晚上8点，即中央电视台《春节联欢晚会》开始之时，中外同步、共贺新春。在正式文艺演出开始前，当地的舞龙、舞狮俱乐部队员会先在赫尔辛基的大街小巷展示中国传统的龙狮文化。

赫尔辛基街头的舞龙舞狮表演（2015年）

当地的舞龙、舞狮俱乐部，说起来颇有渊源。早在2007年首届芬兰“欢乐春节”文化庙会活动举办时，我们的演出团带过去一条舞龙，首次将龙狮文化展现在芬兰民众眼前。表演过后，这条具有特殊意义的舞龙留在了当地。后来，北京市文化和旅游局又派专业的龙狮教练为当地人培训，教授他们龙狮技艺。就这样，当地的舞龙、舞狮俱乐部逐渐建立和发展起来，成员都是芬兰本地人，而非华人。如今，十余年过去，这支队伍宛若一道“游走的中国文化”风景线，彰显着中芬文化交流的成果。

传播中国文化，讲好中国故事，光走出去是远远不够的，应该走进去，走进人心，走进当地人的生活，真正把中国文化的种子播撒出去。

本土化，最重要的是要适应当地人的审美取向、接受习惯、生活方式、风土人情、文化习俗。芬兰“欢乐春节”文化庙会活动，无论是文艺表演，还是展览展示，都应立足于当地民众的需求，做到精品化，精益求精。这些年来，该活动呈现的文艺表演，无论是京剧、杂技、声乐、舞蹈，还是其他表演艺术形式，都是具有中国气派、北京特色的优质节目，表演者也都是优秀的艺术团体、艺术家，保证了节目的品质和品位。

芬兰本地人表演舞龙（2011年）

而要做到这一点，离不开成熟的运作机制。最初，文艺演出主要由中方遴选节目，送出去。后来，每年七八月份，赫尔辛基合作方都会到北京，为来年的活动挑选合适的节目。他们比我们更了解当地人的艺术欣赏需求，他们挑选的节目更能深入当地人的心里，更有利于中国文化艺术与当地观众产生共鸣、共情。研究需求侧，才能进一步提升我们的供给侧，这样良性互动的工作机制建立起来了，就能更好地服务于活动。

芬兰“欢乐春节”文化庙会活动还有一个很好的创新，就是特色展示活动，比如“魅力北京 激情冬奥”展览、“漂亮的兵马俑”彩灯展、十二生肖冰雕展览等。北欧白天短暂，长夜漫漫，这些承载中国独特文化内涵的展示活动，点亮了漫漫长夜，成为当地城市街头的一抹亮色。未来，可以考虑把彰显当代中国文艺发展面貌的精品剧目带出去，走进当地音乐厅、歌剧院，满足当地民众的多元精神文化需求。

与品牌化、精品化、本土化同时推进的，是对市场化的探索与实践。可以说，经过15年的坚持与发展，该活动已由最初的政府间文化交流，逐渐拓展为多维度、多层面的交流互通，实现了“取之于市场，用之于文化交流”，通过激发市场活力，实现活动的持久性、长远性。

文化是旅游的灵魂，旅游是文化的重要载体，在不同文明交相辉映、共同发展的历史进程中，文化和旅游领域的交流与合作扮演着重要角色。下一步，芬兰“欢乐春节”文化庙会活动要着力在文旅深度融合上多下功夫，以文促旅、以旅彰文。《北京市推进全国文化中心建设中长期规划（2019年—2035年）》指出，到2035年，北京旅游消费将超过全市总消费比重的30%，北京入境游客数量达到1,000万人次左右，为首都经济发展打造新增长极。文化走出去，旅游引进来，通过文化走出去、文旅相兼容，吸引更多外国游客到北京来，体验中国人庆祝春节的方式和中国人的生活方式，切身感受中国的发展变化、文化风貌，这也必将进一步促进民心相通。

党的十九届五中全会着眼战略全局，对“十四五”时期文化建设做出部署，明确提出到2035年建成文化强国的远景目标，这为我们在新发展阶段繁荣发展文化事业和文化产业、提高国家文化软实力提供了“时间表”和“路线图”。在新的历史阶段和发展时期，如何提升文化软实力，彰显文化自信、文化自觉，是对外文化交流事业的重要内涵。芬兰“欢乐春节”文化庙会活动，要继续着眼于挖掘中国文化中具有世界意义和时代价值的内容，传播中国人的价值理念，传统文化要有时代表达，彰显时代意义。

以心相交、以信相诺、以诚相待、以情相处，加强人文交流，增进人民感情，期待芬兰“欢乐春节”文化庙会活动未来能够抒写出更加绚丽、华美的新篇章。

序 二

继续推动“欢乐春节”品牌化、机制化、本土化发展

庞 微 北京市文化和旅游局副局长、一级巡视员

北京市文化和旅游局副局长庞微（中）与民乐演员合影

2019年，我率团赴芬兰开展“欢乐春节”文化庙会活动，共计举办4场文艺演出、1天文化庙会活动以及多场文化交流活动，内容包括综艺演出、儿童专场演出、皮影戏演出、旅游及冬奥会推介、京剧脸谱及糖画等非物质文化遗产展示、冰雕制作及展示、图书馆馆际交流活动等，受到了当地政要、普通民众和海外侨胞的热烈欢迎。

丰富多彩的文艺演出（2019年）

芬兰舞龙舞狮队表演舞龙（2019年）

芬兰舞龙舞狮队的乐师和演员都是当地人（2019年）

在赫尔辛基，芬兰民众在京剧脸谱、糖画制作的帐篷前排起长队，生肖“福猪”冰雕引得众多市民围观拍照，当地家长和孩子聚集在颂歌中央图书馆三层专心致志地观看传统皮影戏剧目表演，北京市文化和旅游局、北京海外文化交流中心工作人员向市民免费发放北京冬奥会的旅游手册、宣传资料。演出结束后，绚烂的烟花照亮赫尔辛基的夜空……这些都给我留下了深刻的印象。特别是北欧寒冷的冬季，老师领着幼儿园的孩子们，家长推着婴儿车带着自己的孩子来参加活动，人们怀着无比的热情，那画面既让我感动，也让我深深地自豪，应该说，这就是中国文化的魅力。

在赫尔辛基生活的华人不超过5,000人，但每年的“欢乐春节”文化庙会活动都能吸引数万人参与，经过这些年的品牌化、本土化、市场化发展，已成为地地道道的本土节日，同时也成为芬兰乃至北欧地区的重要文化品牌活动。

颂歌中央图书馆里观看皮影演出的芬兰儿童和家长们（2019年）

芬兰“欢乐春节”文化庙会活动已连年创造人次纪录，北京市在活动节目的选择上精心设计、大胆创新，充分调配精品节目，充分考虑与成千上万现场观众的互动效果。根据芬兰经验，文化“走出去”应适时转变思路，在展现传统艺术风采的同时，可融入更多的中国当代艺术元素，挖掘一批具有国际化水准、当地青年观众喜爱的、符合两地艺术审美的艺术形式和团队赴芬开展活动。未来也应继续深入挖掘、创新艺术形式，并适时邀请赫尔辛基的高水准艺术团体来北京参加艺术节、音乐节等系列交流活动，促进专业艺术对话与创作。

推介活动（2019年）

15年来，芬兰“欢乐春节”文化庙会活动始终坚持品牌化、本土化、市场化工作方针，推动活动不断创新发展，规模逐渐扩大，参与人数不断增长，影响力迅猛提升。它已成为中华文化走向世界的舞台，是中外民间沟通交流的桥梁。

2018年，在芬兰“欢乐春节”文化庙会活动成功举办的基础上，北京与赫尔辛基的交流活动延伸，拓展到冬奥体育、经贸、科技、旅游等多方面。如，在赫尔辛基成功举办了“欢乐春节——北京周”系列活动，包括U12男子冰球队交流比赛、科技经贸体育论坛、“魅力北京”旅游图片展等，其中“科技创新创业路演竞赛”成为“北京周”的热门看点。这些活动真正将中芬经贸、科技、体育交流纳入了当地的中国新年庆祝活动，真正做到了文化搭台，各领域交流互鉴，走好共赢之路。2019年，中国首都图书馆与赫尔辛基城市图书馆签署“阅读北京”合作备忘录，每年将互办展览、讲座、图书交流、研讨会等各类活动，首次将北京与赫尔辛基的交流活动延伸到公共文化服务领域。

经过多年探索，如今全球生肖设计大赛的获奖作品已经转化为芬兰“欢乐春节”文化庙会活动的主视觉设计的素材来源，并衍生出生肖邮册、服饰等周边文创产品，受到了赫尔辛基市民的欢迎，有效促进了生肖品牌文化在海外的传播。

多家当地知名企业持续参与和赞助该活动，使其规模和影响力持续扩大。活动期间，赫尔辛基市中心的道路两侧均插满了活动的宣传道旗，各LED大屏上也循环播放宣传两地文化和旅游的推广视频。未来我们将鼓励北京的企业参与活动，充分利用“欢乐春节”文化庙会活动这一重要平台，在世界舞台上展示北京形象的同时，宣传自身的产品。未来，应进一步推动芬兰“欢乐春节”文化庙会活动的品牌化、机制化、本土化发展。

在节目选择上，应继续精心设计、大胆创新，充分调配精品节目，达到更为理想、更加热闹的庆典效果。芬兰民众的受教育程度普遍较高，对多元文化艺术有很强的欣赏能力。北京在展现传统艺术风采的同时应更多融入中国当代艺术元素，包括综艺表演、非物质文化遗产展示、民俗体验、美食体验、旅游推介、图书展销等，着力加强展演活动的互动性、时代感，打造“互动型”“沉浸式”的特色春节文化庙会。

要积极推动与两地合作方建立长效合作机制。我在出访芬兰期间，专程与中国驻芬兰大使馆、赫尔辛基市政府、赫尔辛基市文化和休闲部（原赫尔辛基市文化局）进行了工作对接，就北京与赫尔辛基未来更多领域、更多渠道、更多形式的文化交流与合作进行了深入交流，并就“欢乐春节”文化庙会活动未来的创新与发展等议题具体进行了务实探讨。

未来，北京将与赫尔辛基就文旅深度融合进行更多交流与协商。结合北京2022年举办冬奥会和冬残奥会的契机，在芬兰“欢乐春节”文化庙会活动中加大对北京冬奥会的宣传。疫情结束后，我们将考虑邀请赫尔辛基的专业艺术团体来华参加北京的文化庙会活动，并吸引更多的芬兰游客来北京体验纯正的春节文化。

第一篇章　缘起

传播中华文明，彰显文化自信

芬兰，北欧波罗的海沿岸的“千湖之国”，圣诞老人的故乡。赫尔辛基，芬兰首都、最大港口城市，全国50%的进口货物通过这里进入芬兰。赫尔辛基，被世人赞美为“波罗的海的女儿”，它是一座古典美与现代文明融为一体的都市，也是一座将都市建筑与自然风光巧妙结合在一起的花园之城。

2006年，北京市与赫尔辛基市缔结成为友好城市。2007年，首届芬兰“欢乐春节”文化庙会活动成功举办。此后每年，该活动都会如约而至，成为芬兰当地民众心目中割舍不断的情感牵挂。

“中芬两国关系密切。芬兰是最早同中国建交的西方国家之一，也是第一个同中国签订政府间贸易协定的西方国家。中芬人员往来密切，人文交流蓬勃发展。‘欢乐春节’文化庙会活动已在芬兰连续举办11年，成为许多芬兰人期待的冬季品牌活动。赫尔辛基艺术节中国主宾国活动和在北京举办的‘你好，赫尔辛基！’文化活动受到两国人民欢迎……”2017年4月，国家主席习近平在对芬兰进行国事访问前夕，在芬兰《赫尔辛基时报》上发表了题为《穿越历史的友谊》的署名文章。

芬兰“欢乐春节”文化庙会活动，传播中华文明，彰显文化自信，在世界范围内展示出一股非比寻常的力量。

“那一瞬间，我特别感动，也特别振奋”

受访者：吴世广

时任中国驻芬兰大使馆文化参赞

吴世广，从1988年至2016年年底，断断续续履职了四任中国驻芬兰大使馆文化参赞。十几年光阴流转，他见证了中、芬两国，特别是北京、赫尔辛基两城之间的文化交流之路。

2006年，时任北京市市长王岐山访问赫尔辛基，北京与赫尔辛基签署了建立友好城市关系协议。两城友谊，自此深结。“其实在这之前，两城之间就不乏文化交流。”吴世广说。比如，2006年第三届北欧中国文化节，北京市文化局（现北京市文化和旅游局）派出了阵容强大的北京歌舞剧院和中国木偶艺术剧团参加演出，大使馆文化处还联络了中国东方古筝乐团参加演出。

在吴世广看来，北京与赫尔辛基友好城市关系协议的签订，是第一次以一种正式文本的形式，将两城之间在经济、文化、贸易、科技等方方面面的交流合作框架确立并固定下来，“这当中，双方对文化方面的交流意愿最先凸显出来。作为使馆方面，我们当然很愿意积极沟通，促成双边交流与合作”。

在吴世广的印象中，当时世界上很多国家都已经举办过“欢乐春节”文化庙会活动，“这是传播中国传统文化的一种很好的方式，能让更多人了解内涵丰富、意蕴深厚的中国传统文化”。

为促成芬兰“欢乐春节”文化庙会活动尽快落地，2006年10月，北京与赫尔辛基开始商谈相关事宜，并很快达成一致：由两市共同主办春节庙会文化交流活动，不仅有文艺演出，而且还把“吃”“玩”的元素加入进来，“这样更能传递中国春节快乐、祥和、喜庆的氛围，以及中国春节的文化内涵”。

方案敲定，如何执行？一系列担心的问题袭来。首要难题是场地的选择，按理说庙会活动通常在室外举办最合适，但是赫尔辛基冬天太冷，气温一般在零下10到20摄氏度，如果下雪，天气会更冷，所以当地冬季室外活动极少。另外，天寒地冻之际，观众会不会来参加活动？如果引入食品等展卖活动，商家愿不愿意来参展？

“面对这些问题，我们心里都没底儿！”吴世广直言。他还记得，当时赫尔辛基市各大媒体都对这次活动给予了大力宣传，就连赫尔辛基市文化局（现赫尔辛基市文化和休闲部）的官员见到朋友都极力推荐，盛邀参加。

经过近四个月紧锣密鼓的筹备，第一届“欢乐春节”文化庙会活动正式拉开帷幕。2007年2月15日至22日，应赫尔辛基市文化局的邀请，在中国驻芬兰大使馆的协助下，北京市文化局首次组团赴芬兰赫尔辛基“过大年”。

吴世广（中）在活动现场（2019年）

活动主场地是赫尔辛基市中心的水晶宫广场。正式开始时间是下午2点。当舞龙舞狮表演登上赫尔辛基市参议院广场的舞台时，活动正式开始。“这个场地很重要，也很特殊，除了政府机构，周边还有大学、教堂、金融机构。那天，锣鼓声一响，立刻吸引了人群。整支队伍沿着赫尔辛基市繁华的主干道曼奈海姆金融大街一直往水晶宫广场走，边走边舞，当地民众一路‘尾随’，阵势蔚为壮观……那一瞬间，我特别感动，也特别振奋，根本不担心没有观众，反而开始担忧人会不会太多了……”

由芬兰人组成的舞狮队在庙会中相当受欢迎

在吴世广的印象中，活动现场气氛异常热烈。人们纷纷赶来，孩子们坐在爸爸的肩上。所有的摊位都被人们围得水泄不通。中国小吃特别受欢迎，整个活动的氛围一下子就起来了！

庙会现场骑在爸爸肩头的芬兰小孩

2点整，演出在广场临时搭建的舞台上开始了。来自北京群众艺术馆、北京民间艺术团、平谷精华舞狮表演队的艺术家和演员们，为观众带来了中国传统民间庙会的中幡表演、武术表演、川剧变脸等。富有浓郁中国特色的民间艺术，在远隔重洋的异国舞台上大放异彩。

“舞台旁边的大屏幕上，还播放着中央电视台的春晚。”吴世广说，“面对这场视觉盛宴，大家都觉得眼睛不够用了。天快黑时，下班的人们也来了，热闹至极。”

晚上6点，也就是北京时间的午夜12点，新年钟声即将敲响。“中、英、芬，3种语言共同倒计时，欢呼声在人群中响起，‘过年啦’‘过年啦’……”每每回忆这一幕，吴世广都感慨不已，“那一刻，真的是太震撼了！”

首届芬兰“欢乐春节”文化庙会活动一炮打响，给赫尔辛基人民带去了浓郁的中国风情和欢快祥和的节日气氛。“据估计，当时有25,000人参与活动，这让中芬双方都感到十分惊喜。活动过后，赫尔辛基市政府通过我国驻芬兰大使馆提出，希望双方建立良好的合作机制，将这个活动固定下来，每年举办。”

夜色中的“欢乐春节”文化庙会活动

“2007年，北京市与赫尔辛基市抱着‘试一试’的心态举办了‘欢乐春节’文化庙会等相关交流活动，如今已连续举办15年，实属不易。而这种共同的坚持更是非常难得。”吴世广说，“15年的坚持，让文化庙会活动越办越好，观众也越来越多。如今，在赫尔辛基，很多人都知道这场春节活动，人们对活动充满了期待。”

在他看来，芬兰“欢乐春节”文化庙会活动的成功举办，除了中国驻芬兰大使馆作为两市沟通的桥梁为活动提供帮助外，还有着多方面的因素。

首先，中国春节文化内涵为活动赋能。春节庙会及其他相关交流活动传达出欢乐、喜庆、祥和的文化氛围，被芬兰人民认可和接纳。“芬兰人对原汁原味中国文化的热爱是活动持续举办的动力。春节庙会活动让当地人沉浸式体验了中国人过春节的方式，丰富了当地人的文化生活，为赫尔辛基的城市文化增添了国际元素，增进了两国人民之间的相互了解。这项活动为北京市和赫尔辛基市创造了‘双赢’。”

其次，双边合作机制让芬兰“欢乐春节”文化庙会活动持续长青。赫尔辛基市文化和休闲部与北京市文化和旅游局之间、赫尔辛基市凯撒国际文化中心与北京市海外文化交流中心之间，以及赫尔辛基市本土文化艺术机构、协会和社会各界之间的密切合作与沟通，这些都是活动长期繁荣的重要因素。

“在长期有效的沟通机制下，深化了北京市与赫尔辛基市之间的彼此了解，确保了‘欢乐春节’文化庙会活动的高质、高效。而逐年丰富的活动内容，则是为活动不断输血。”吴世广说。一首由中、芬两国人民共同携手谱写的冬季恋歌，就这样持续奏响，中国年味香飘全球。

“这个活动成为赫尔辛基国际化的重要体现”

受访者：斯图巴·尼古拉（Stuba Nikula）

曾任赫尔辛基市文化局（现为赫尔辛基市文化和休闲部）局长

“芬兰‘欢乐春节’文化庙会活动，不仅属于赫尔辛基的华侨群体，而且也属于许多参加庆祝活动的芬兰人。这样的一个活动充分说明，赫尔辛基是一个属于大家的城市，是一个开放的城市，是一个国际化的城市。”自2013年开始担任赫尔辛基市文化局局长的斯图巴·尼古拉说。

参加庙会的近一半人都是赫尔辛基本地人（2013年）

在他看来，芬兰“欢乐春节”文化庙会活动15年一路走来，已成为当地人生活的重要组成部分，也是赫尔辛基国际化的重要体现。据斯图巴·尼古拉估计，活动每年在赫尔辛基能吸引超过5万人参与，其中约一半是赫尔辛基本地人，另一半是当地华侨、亚裔以及其他移民。此外，一些对中文和中国文化感兴趣的学生也积极参与进来，这是因为赫尔辛基的大学已经开设了中文课程。

在舞台上表演武术的芬兰年轻人（2013年）

“人们参与的不只是室外活动，还有一些相关的系列活动，我们叫它们‘卫星活动’，比如一些讲座和室内活动。”斯图巴·尼古拉说，这些活动形式多样、内容多彩，既包括庙会、冰雕、烟花等传统项目，也有诸如2020年哈雅乐团这样融合当代精神的文艺表演。传统与现代的文化多样性展示，受到观众的热烈欢迎，这与“波罗的海的女儿”赫尔辛基这座城市的开放气质相得益彰。

“芬兰‘欢乐春节’文化庙会活动这么多年一直都在发展，参与的人数也越来越多，但它的核心是不变的：由多方参与组织，确保活动成功举行，同时也是北京与赫尔辛基文化交流合作的成果。”斯图巴·尼古拉说，赫尔辛基作为一座开放的国际化都市，热烈欢迎不同的文化使者前来交流，并希望从中学习，找到相互合作的最佳方式。

“不同的参与方都贡献了自己的力量和资源。”斯图巴·尼古拉举例说，在活动中可能需要联络手工艺者，也可能需要联络制作美食的餐厅等，这些具体的工作不全是由赫尔辛基文化局来完成的，而是由不同的合作方来组织开展的。“这也是这个活动的一大优势。因为有不同的参与方加入进来，活动的内容就会变得更加丰富。”

在活动的赞助商方面也体现了多样性。活动早期主要由芬兰企业，如芬兰航空、通力电梯等提供赞助，这些企业希望通过赞助芬兰“欢乐春节”文化庙会活动拓展其在中国市场的业务。而随着中国企业开始重视芬兰市场的开拓，又有中国企业加入成为赞助商。斯图巴·尼古拉介绍，“不同的公司，战略会有不同的调整，所以赞助商名录也会根据情况经常调整”。

参与各方通过多年的磨合和学习，找到了各自适合的合作方式。在赫尔辛基和北京之间，因为文化不同导致的工作方法差异，也在相互理解与配合中，不再困扰双方。斯图巴·尼古拉说：“尽管工作方法不同，但在相互理解之后，已经完全不是问题了。”

芬兰“欢乐春节”文化庙会活动好像一个练兵场，所有参与其中的机构、个人，都在这里得到了锻炼和提升。通过15年的磨炼，赫尔辛基市文化局在策划和组织文化交流活动方面积累了丰富的实战经验。

庙会现场的大舞台前总是人潮涌动

作为“文化回礼”，2016年，赫尔辛基市文化局以“欢乐春节”文化庙会活动为蓝本，在北京举办了“你好，赫尔辛基！”文化交流活动。这也成为两座友好城市礼尚往来、友好互动、携手共进的一段佳话。“如果以后还有机会再次举办这个活动的话，我相信双方会更有信心，能做得更好。”斯图巴·尼古拉说。

对于“欢乐春节”文化庙会活动的未来前景，斯图巴·尼古拉更是充满信心，他的话中带着一丝幽默，“即使未来让芬兰独自承办这个活动，我们也有信心筹办好。当然，如果没有中方的参与，活动是难以原汁原味的”。

“文化交流融合让人与人之间更为亲近”

受访者：玛丽安娜·凯彦蒂（Marianna Kajantie）
曾任赫尔辛基市文化局（现为赫尔辛基市文化和休闲部）副局长

“46年来6次往返，飞行72,000公里，中国彻底‘点燃’了我的热情。”玛丽安娜·凯彦蒂激动地说。1974年，玛丽安娜·凯彦蒂第一次到访中国北京，在清华大学做短期访问。访问期间，她观看了杂技表演，同时也了解了这一传统技艺的台前幕后。演员们在上台前的精心准备、训练期间的认真刻苦，一点一滴都给她留下了深刻的印象，同时也埋下了她与中国文化之间的缘分之种。

作为政府官员，玛丽安娜·凯彦蒂在任期内负责芬兰“欢乐春节”文化庙会活动，并在项目决策层面发挥了重要作用。同时，她也是芬中协会主席维利的妻子，“我和先生都非常喜欢中国，我们搜集了很多关于中国文化的信息，我们也经常进行交流和探讨”。2006年，芬兰“欢乐春节”文化庙会活动项目启动，这让他们既开心又紧张，因为在芬兰漫长的冬季里，举办这样盛大的活动，还是第一次。玛丽安娜坦言，最初他们对这个活动并没有太大把握，也不知道最终结果会怎样，因为是在冬天，而且是户外活动。

前路未知，只能更加努力。玛丽安娜·凯彦蒂和她的先生在这个过程中付出了很多努力，她还发动了身边的家人、朋友一起宣传活动。当听到的都是积极反馈时，她的喜悦之情溢于言表，“他们都说，我们在做一件正确的事情，芬兰在这个季节是没有任何户外活动的，芬兰观众一定很开心，也很期待可以看到充满异国文化风采的文艺表演和活动”。

第一届芬兰“欢乐春节”文化庙会活动非常成功，人山人海——这是玛丽安娜·凯彦蒂对活动现场最直观的印象。大家似乎都很难挪动脚步，但丝毫不影响他们兴致昂扬地看表演、逛庙会、吃美食、看烟花。“第一次就取得这样的成功，这是我们没想到的，尤其是这个活动以后会连续举办，更是非常欣慰。”玛丽安娜·凯彦蒂觉得，“欢乐春节”文化庙会活动的成功举办，离不开各方的努力。当时拉到了一些赞助，比如第一届“欢乐春节”文化庙会活动中的烟花表演，赞助商是芬兰航空公司，该公司作为赞助商还参与了后续几届的活动。

烟花表演（2014年）

十几年如一日的坚守，中国文化已经扎根在芬兰民众的心中。“十几年来，变的是场地，不变的是热情。”在玛丽安娜·凯彦蒂看来，三次场地的变化，是为了接纳更多的芬兰观众，而且场地一直选择在市中心，充分体现了赫尔辛基市政府对芬兰“欢乐春节”文化庙会活动的重视。

文化有差，心意相通。虽然中国文化和芬兰文化有很大的差异，但现在很多芬兰人都过起了中国节日。玛丽安娜·凯彦蒂介绍说，她的3个孙子非常喜欢“欢乐春节”文化庙会活动，每年都会光顾庙会上的美食摊位，孩子们很喜欢吃鸡肉卷、春卷以及各种面条。除此之外，他们还会购买很多中国传统手工艺品，“比如十二生肖，我们家里就有鼠、猪、狗等手工艺品，孩子们经常会拿出来玩一玩。我们经常在家里谈论中国，所以孩子们一直都对中国非常向往，希望有一天能去中国游玩”。

中国美食摊位在庙会上非常受欢迎（2018年）

中国传统手工艺品的摊位深受芬兰儿童的喜爱

玛丽安娜·凯彦蒂家里有一个礼物盒，里面放的都是中国友人赠送的纪念品。“有机会我们一定要带孩子们去中国。虽然芬兰不像中国一样有春节给孩子们压岁钱的传统，但我们在圣诞节、复活节这种大型节日会给孩子们准备礼物，我觉得这是相似的地方，礼物或压岁钱，都是长辈对晚辈的美好祝福。”

玛丽安娜·凯彦蒂说，十几年来的文化交流，在潜移默化地改变着芬兰人民。例如，在观看节目时，中国人会一直鼓掌，气氛很热烈，但芬兰人不会，他们会在整个演出期间保持安静。而如今，随着对中国文化的了解与熟悉，每年“欢乐春节”文化庙会活动的表演现场，经常能听到芬兰观众经久不息的掌声。“两国文化交流融合的同时，也让人与人之间更为亲近。在文化交流中，每个人都可以成为自己国家的文化大使，去传播本国的文化，影响他人。像‘欢乐春节’这样的文化活动，应该持续下去。双边关系，不管是外交层面、城市与城市之间，还是这种民间的交流，都是文化交流的基石，会进一步促进文明互鉴、民心相通。”

一次中国之行，开启与中国文化半个世纪的情缘

受访者：维利·荣森伯格（Veli Rosenberg）
曾任芬中协会主席

维利（右）酷爱中国文化

1970年，一名来自芬兰的年轻大学生维利，有幸参加了由芬中协会组织的一次前往中国的旅行。这次旅行之后，他开始对中国和中国文化产生了浓厚的兴趣。当时的他根本没有想到，这不仅仅是他与中国结缘的开始，更是让“中国文化”成为他一生相伴的事业的关键词。

1970年，维利开始在芬中协会当志愿者，并于1974年起正式在该协会工作。据他介绍，芬中协会成立于1951年，是西方国家中历史最悠久的、从未间

断过的中外友好组织。该协会致力于举行与中国有关的人员及文化交流活动，与中国、芬兰的众多机构都建立了良好的合作关系。同时，该协会与赫尔辛基市文化局也保持着数十年的良好合作。

时光飞逝，从上大学到退休，一晃半个世纪过去了，维利在芬中协会工作了一辈子，还曾担任芬中协会主席。从2007年到2016年，他一直负责芬中协会在芬兰“欢乐春节”文化庙会活动中的工作。他能听懂中文，又对中国文化如数家珍，尤其痴迷于中国戏曲，俨然一位不折不扣的超级“中国通”。

活动中表演中国戏曲的芬兰人（2009年）

作为首届芬兰“欢乐春节”文化庙会活动的参与者和见证者，维利认为，2006年7月14日，赫尔辛基与北京签署友好城市协议是这项活动能够顺利举办的重要契机。“这项协议代表了赫尔辛基在友好城市政策上的重大变化，因为赫尔辛基以前是不愿意与外国城市建立友好城市关系的，而当时的赫尔辛基市市长尤西·帕尤宁先生上任后，在友好城市关系上采取了新的政策。”

维利推测，也许是因为赫尔辛基和北京结成了友好城市，时任中国驻芬兰大使马克卿女士派出大使馆文化参赞吴世广先生，联系当时的赫尔辛基市文化局（现赫尔辛基市文化和休闲部）局长比卡·狄默楠（Pekka Timonen）

先生，以及赫尔辛基市文化局副局长玛丽安娜·凯彦蒂（Marianna Kajantie）女士，询问他们是否有兴趣在赫尔辛基举办中国春节活动。玛丽安娜·凯彦蒂随后找到芬中协会，而维利当时正是该协会主席。

后来，维利受邀参加了赫尔辛基市文化局的会议。受邀参会者集体讨论了举办芬兰中国春节活动的可行性，维利还为活动提出了几点建议：第一，把活动定位为赫尔辛基和北京两座城市之间的双向项目，也可以在北京举行与赫尔辛基相关的文化活动；第二，将其办成一个年度活动，严格按照中国的除夕和春节时间来操作；第三，活动包括在户外举行的中国传统春节庙会，而且观众可以免费入场；第四，邀请芬兰当地机构和在芬华人华侨组织参与活动。维利说："这些建议最后都成为芬兰'欢乐春节'文化庙会活动的指导方针。"

2007年2月17日，首届芬兰"欢乐春节"文化庙会活动在赫尔辛基市中心的水晶宫广场成功举行。此后，芬中协会一直担任这一项目的顾问机构，参与了活动的各项筹备和宣传工作。活动筹备期间，维利希望赫尔辛基与中国和中国文化相关的组织机构都能参与到春节活动中来。他邀请了芬兰武术协会的舞龙舞狮团队，并为他们提供了表演的机会。作为一名中国戏迷，维利还身体力行，在活动中担任中国戏曲表演的节目讲解员。

自2007年以来，舞龙舞狮表演一直是最受欢迎的节目（2011年）

“如果你问我这15年的中国春节活动给赫尔辛基带来了什么，我觉得最重要的就是我们成功地把芬兰人民和中国人民聚在了一起，让芬兰人民在一片欢乐祥和的气氛中体验中国最重要的传统节日——春节。”维利说。同时，通过这一活动，芬兰人民大大加深了对中国及中国文化的了解，“这样也能增进芬中两国人民和两国文化的相互尊重和理解”。

维利表示，他为芬兰“欢乐春节”文化庙会活动15年来的发展感到由衷高兴，“它现在能够不断地自我更新，吸引大量观众，而且活动的组织也变得越来越专业”。如今，维利已经退休，他非常高兴地看到一批新的年轻组织者接过接力棒、指挥棒，把这项意义深刻、价值和影响深远的活动继续做下去。

活动现场围观舞龙舞狮的市民们（2016年）

“这是一个人与人交流的活动”

受访者：溥明睿（Mikko Puustinen）
芬中协会现任主席、芬兰驻中国大使馆前文化参赞

北京与赫尔辛基位于亚欧大陆的两端，直线距离超过6,000公里，不同的自然条件、人口结构、发展历程、文化基因都造就了中国与芬兰之间的文化差异。芬兰“欢乐春节”文化庙会活动在这种文化差异中成功走过了15年，在一个人口只有55万的城市中，每年能吸引超过5万人参与，真正验证了那句流传于互联网的幽默表达，“芬兰与中国之间，只隔着一个俄罗斯”。

“这个活动本身就是文化交流、人与人之间交流的一个活动。”芬兰“欢乐春节”文化庙会活动执行方之一、芬中协会现任主席溥明睿说。

芬中协会长期致力于向芬兰民众介绍中国文化，增进两国之间的交流与沟通，并且在芬兰“欢乐春节”文化庙会活动中，为赫尔辛基市政府提供关于中国文化的专业性建议。

溥明睿1996年来到中国留学，后又在中国工作了15年。他曾担任芬兰驻中国大使馆新闻与文化参赞。他还有一个儒雅的中文名“溥明睿”。作为一个长期在中国工作的芬兰人，溥明睿对两种文化之间的异同有着深刻的理解。“不管什么事情，芬兰人和中国人都会竭尽全力把事情做好，刻苦的精神，是芬中两国文化所共有的品质。”

两国文化因地理、历史等多方面的不同，也展现出各自的特色。芬兰文化注重个体的独立性，而中国文化更注重“家”和“集体”；芬兰人内敛低调，文化充满着悲悯情怀，相较之下，中国文化的基调就显得热烈而欢快。“中国文化更多彩、活跃。”溥明睿说，芬兰“欢乐春节”文化庙会活动正是展现了这两种文化的不同。音乐、舞蹈、京剧、杂技、舞龙、舞狮、剪纸、灯笼、风筝、

空竹等，所有这些具有中国特色的文艺节目、文化元素，都重在烘托中国人欢度传统节日的喜庆气氛，“中国文化，有芬兰文化没有的内容。正是因为这两种文化的差异，使芬兰人对‘欢乐春节’的活动产生了浓厚的兴趣”。

多彩活跃的中国文化对于芬兰人来说非常独特（2012年）

芬兰“本土化”的中国舞狮表演生动精彩（2012年）

“有各种各样的人来参加这个活动，包括年轻人、老年人、男人、女人、芬兰人和中国人，他们对中国文化的兴趣也不尽相同。”溥明睿说，每个人的需求不同，有的人想看传统文化的节目，有的人则更喜欢有现代气息的节目。中国文化的多样性为其提供了可能。例如，哈雅乐团在2020年的芬兰“欢乐春节”文化庙会活动上的亮相，就非常受欢迎。这支乐队以蒙古族民间音乐为基础，结合了现代音乐元素，在芬兰收获了大批粉丝。“哈雅乐团的表演，为芬兰民众展示了古典音乐与现代音乐元素的结合，年轻观众非常喜欢。”溥明睿说。

哈雅乐团的演出受到了芬兰年轻人的欢迎（2020年）

芬兰“欢乐春节”文化庙会活动走过了15年，逐渐发展成为中外文化交流实践的一个响亮品牌，但同时这也意味着未来这个品牌将面临不断突破、不断提升、不断优化的挑战。溥明睿说，如果能让更多对中国不了解的芬兰人，尤其是年轻人，接触并喜欢上中国文化，那么这项活动的意义将会更加深远、持久。“如何让他们对中国文化产生兴趣，对芬中协会和‘欢乐春节’文化庙会活动来说，具有很多探索并实践的可能。”

而事实上，该活动关于这一点的探索已经开始了。例如，活动曾多次为赫尔辛基的中芬双语学校的学生表演中国杂技、京剧等传统文化节目。“请他们过来，让他们了解这个活动，多进行交流，这可能是未来的一个方向。怎么能让一些之前对中国不了解的人来参加活动，而不是只有对中国已经很熟悉的人来参加活动，这可能是我们以后要进一步思考的问题。”溥明睿说。

越来越多芬兰人成了中国节日的“粉丝”

受访者：安妮卡·和金赫默（Annika Heikinheimo）
芬中协会业务经理

芬兰“欢乐春节”文化庙会活动之所以多年来能成功举办并深受芬兰民众喜欢，其中原因甚多。在活动的组织者之一安妮卡·和金赫默看来，节日中欢乐气氛的营造是关键因素。

热闹的表演、互动、各种摊位、中国美食、喜庆的灯笼和灯光秀、冰雕和欢乐的人们，所有这些都使“欢乐春节”活动现场热闹非凡，对在冬季缺少室外文化活动的芬兰人来说充满了吸引力，激起了他们对中国节日的极大热情。

“漂亮的兵马俑”彩灯展（2015年）

“美食超级受欢迎，还有各种互动活动。丰富多彩的文艺表演也吸引了很多人。孩子们喜欢看舞狮、舞龙，也喜欢中国功夫表演和欢乐的舞蹈表演。”这是安妮卡·和金赫默在活动现场看到的情景。而让她最难忘的是2015年“漂亮的兵马俑”彩灯展，“精妙绝伦、五彩缤纷的彩灯，给赫尔辛基这座城市带来了特别的欢乐和生机”。

“漂亮的兵马俑”彩灯展，把代表中国传统文化的兵马俑和烘托节日喜庆气氛的彩灯相结合，成为当年最受欢迎的展览之一。安妮卡·和金赫默称赞道：“如果能再组织一次这样的活动就太棒了！”

其实，“欢乐春节”文化庙会活动欢乐氛围的营造并非一件简单的事情。安妮卡·和金赫默说：“组织这样一个重大的活动，是非常费心费力的事情。特别是我们的团队如此之小，所以筹备活动的时候经常加班加点。”作为芬中协会的一名雇员，她除了负责活动的执行工作，还要负责协会的日常工作，经常感到分身乏术。

据安妮卡·和金赫默介绍，芬中协会是芬兰的全国性非政府组织，长期致力于促进芬中两国文化交流和合作，在芬兰传播中国文化，筹划安排互访考察、专题座谈、展览博览、文艺演出等多样的芬中交流活动，并为其他机构的文化交流活动提供专业性意见支持。

说到芬兰“欢乐春节”文化庙会活动，该协会主要负责维护活动网站内容，与赫尔辛基市文化局（现赫尔辛基市文化和休闲部）、赫尔辛基市凯撒国际文化中心等机构一起策划当地的文艺演出，同时策划包括讲座在内的其他活动。

在安妮卡·和金赫默看来，“欢乐春节”文化庙会活动最难以解决的还是天气问题，北欧冬天的寒冷很容易影响到节日的气氛，“很多方面都要考虑到天气因素：如何让舞台足够暖和，如何让雪不落在舞台上，如何让更多的商家参与活动设摊经营……毕竟在大冷天里站4个小时，也不是一件容易的事”。幸运的是，寒冷的天气反而刺激了人们的热情，“即使天气状况很糟，这项活动还是有很多人参加。人们觉得在寒冷的冬天有这样一个丰富多彩的室外活动，是一件很温馨、很美好的事情”。

另外，中方工作人员的热情也让安妮卡·和金赫默的工作更轻松。“我感觉中方做出决定的速度比我们快。他们想尽一切办法帮助我们实现愿望。”

对于难以适应芬兰冬天气候的中国演员来说，寒冷的冬天也会给他们带来别样的欢乐体验。

寒冷的天气不能阻挡芬兰民众参与的热情（2013年）

严寒中表演节目的芬兰演员（2013年）

虽然工作不易，但正如安妮卡·和金赫默所说，“当你看到人们参加活动时那种喜悦的眼神，你就会觉得这一切都是值得的”。她认为，“欢乐春节”文化庙会活动对芬兰民众的吸引力正是来源于各种他们所喜爱的元素叠加在一起而营造出的节日氛围。这种氛围让芬兰民众能够有机会在漫长的冬天一起庆祝节日，一起欢乐。

令人惊喜的是，中国节日气氛的感染力已经超越了“欢乐春节”文化庙会活动本身，并走进了寻常百姓家。据安妮卡·和金赫默观察，芬兰民众不仅参与“欢乐春节”文化庙会活动，还开始在自己的家中、在学校里庆祝中国春节。甚至还有很多人联系她，向她询问除春节外的中国其他传统节日，比如中秋节该怎么庆祝。有的芬兰人自发组织庆祝活动，在中国传统节日期间和亲朋好友一起去中国餐馆用餐。

越来越多的芬兰人成了中国节日的“粉丝”，这是对像安妮卡·和金赫默一样的活动组织人员辛劳工作的最好褒奖。“我愿意相信，是我们的节日活动提升了人们对庆祝中国节日的热情。”

传扬中国文化是海外华人华侨的义务

受访者：罗伟仁

芬兰华人联谊会名誉会长

罗伟仁扎根芬兰已有40多年，参与筹备数届芬兰“欢乐春节”文化庙会活动。在他看来，“寒冷的冬季，有这么一场丰富多彩的室外大型活动，对华人华侨和芬兰人来说，都是很难得的”。

罗伟仁早在1977年便来到芬兰赫尔辛基，从事餐饮行业。在他的记忆中，初到赫尔辛基时，大街上见不到几个中国人，而中华文化在芬兰人眼中更是神秘的。后来，中国实行“改革开放”，越来越多中国人定居芬兰，因此，芬兰民众对中国的了解也越来越多。而“欢乐春节”文化庙会活动的连年举办，更是加速了中芬之间的文化交流。

庙会现场的中国美食（2008年）

“欢乐春节”文化庙会活动在赫尔辛基落地后，拥有多年开办中餐厅经验的罗伟仁发挥自己的优势，参与了活动中美食板块的筹备工作，借活动之机，向芬兰人介绍和推广中华美食文化。

中国美食摊位很受欢迎（2019年）

活动之初，困难重重。在东方深受喜爱的中餐，未必能被芬兰民众所接受。该如何选择餐厅和美食品种，是当时摆在罗伟仁面前的一道难题。既要符合中华美食文化特色，又要严格遵守当地卫生部门的规定，这是必须充分考虑的。“所有食物都要在餐厅处理好才能带去活动现场；不熟的食物不允许带到现场；到现场之后食物要保持60℃以上的温度……”罗伟仁说。

可喜的是，经过反复沟通协调，中国人所钟爱的食物，最终跨过了民族文化的屏障，来到芬兰“欢乐春节”文化庙会活动现场，向芬兰人讲述它们背后的文化内涵。

“庙会上人很多，大家都在排队，食物很快就卖完了。煎饺、面条、炒饭，这些芬兰人都很喜欢。”罗伟仁说，尽管芬兰人对中国美食文化的理解仍是浅显的，但中国美食在芬兰很受欢迎。

如今，越来越多的芬兰人学中文、吃中餐，喜欢上了中国文化。这也让罗伟仁对中芬文化交流有了更深刻的认识，“要有特色才能吸引人。比如，在文艺节目的选择上要多元化，要了解芬兰人对哪些方面更感兴趣”。

虽然罗伟仁已经退休，但他仍时刻关注着每年的“欢乐春节”文化庙会活动，“讲好中国故事，传扬我们中国的文化，我觉得作为海外华人华侨，每个人都有义务做这件事”。他憧憬着“欢乐春节”文化庙会活动像40多年前的自己一样，会扎根在芬兰这个美丽的国度，成为芬兰的法定节假日。

“简直就像是梦中的工作一样！”

受访者：瑞萨娜·尤哈娜（Rissanen Johanna）
赫尔辛基市凯撒国际文化中心工作人员

在芬兰赫尔辛基市凯撒国际文化中心工作的瑞萨娜·尤哈娜，从2007年第一届芬兰“欢乐春节”文化庙会活动开始，便一直从事该活动的筹备组织工作，至今已15年。

2006年年底，瑞萨娜·尤哈娜从赫尔辛基大学毕业参加工作。她的专业是东方学，主要研究中国文化。当她被通知参与筹备首届芬兰“欢乐春节”文化庙会活动时，她兴奋极了，因为这正好与她一直学习的专业相关。“简直就像是梦中的工作一样！这个项目很大，涉及很多团队合作，可以学到很多东西。”

开心的同时，她也有一些紧张，因为毕竟是第一次举行这么大的活动，大家都不知道会办成什么样。“要是能事先知道这项活动会如此成功，受到这么多人的欢迎，当时的我也不会那么紧张害怕了。”她笑着说道。

每年9月，芬兰“欢乐春节”文化庙会活动进入准备期，到了11月，各项工作会变得超级多。预订活动场地，是最先开始的工作，因为每年活动都在赫尔辛基市中心举行，选择的场地多是预订特别火爆的地方，因此，需要很早开始“占位”。

然后，尤哈娜的团队开始与各个合作伙伴沟通。“这是最花时间，也是最重要的部分。芬中协会、华人联谊会、各个赞助商，还有各类相关团体，比如当地的中文学校、摄影团队，以及北京的合作伙伴……我们要跟很多人和机构对接、讨论，构思各种活动创意，协调预算，等等。还有一些更具体的事情要做，比如打广告、调试技术设备等。”虽然工作很烦琐，但尤哈娜觉得很有趣。

赫尔辛基的冬季，天气是难以预测的，有可能极寒，有可能下雨，还有可能下雪甚至暴风雪，这就给在室外举行的“欢乐春节”文化庙会活动带来意想不到的变数。尤哈娜坦言，他们必须做好应对极端天气的准备，以便在天气恶劣的情况下依旧保持一切运转正常。“不过，这么多年来，中国春节活动期间没有遇到过极端天气。有一次下雨，观众衣服都淋湿了，冻得瑟瑟发抖，还好活动在市中心，大家可以去室内取暖、烘干衣服，然后再出来享受演出和美食。”

每年10月、11月，尤哈娜都会来到北京，为活动挑选演出节目。这趟旅程虽然匆忙，但正值北京一年四季中最美好的秋季，她非常喜欢。每年演出的节目数量不固定，他们会提前看十多个节目。对于节目质量，尤哈娜从不担心，因为他们已经和北京建立了亲密的合作关系，对负责节目的北京团队非常信任。

参加“欢乐春节”文化庙会活动的戏曲表演者（2012年）

不过，她坦言，节目需要在传统和创新之间保持平衡。“赫尔辛基的观众喜欢传统，他们每年都想看到熟悉的节目，比如舞龙舞狮。但我们每次都想来点新鲜的东西，免得观众看腻了。我们希望保持一个比较开放的心态，给观众一点惊喜，同时也给他们比较熟悉和期待的东西。就我个人来说，因为在室外演出，很多观众会从远处观看节目，所以舞蹈演员的数量多一点会更好，再配上欢快的音乐、多彩的服装、喜庆的氛围，即使距离很远，也能感受到艺术的感染力，所以我总希望能有一些群舞表演。”

第一届活动的推广，主要采用的还是发传单、贴海报等传统方式。尤哈娜和同事甚至发动了身边所有的亲朋好友，让他们都来参加活动。“我们从北京千里迢迢请来了最棒的演出团队，万一没人来看怎么办？最后，我们非常幸运，大家收到了我们的宣传信息，来到现场，有的人甚至坐了一个半小时的火车从另一座城市赶过来。”近年来，尤哈娜更多借助社交网络来宣传芬兰“欢乐春节”文化庙会活动。

女队员在芬兰人的舞龙表演中尤为显眼

庙会是芬兰“欢乐春节”文化庙会活动的重要组成部分。每年庙会有15—30个项目，其中5—10个为餐饮项目。尤哈娜说，在挑选庙会项目时，与中国的相关性是首要标准，庙会上不会有不相关的糖果屋。“小吃永远是最受欢迎的，尤其是那些平时在芬兰餐馆很难吃到的春节小吃，对观众来说是非常有吸引力的。因为这些东西一般只有去了中国才能吃到，但现在人们可以在庙会上买到。一些手工艺品和纪念品也很受欢迎，尤其是十二生肖的玩偶，小孩子们很喜欢。”

一般而言，活动当天上午还有一场专门面向儿童的特别活动。主办方会向赫尔辛基所有的日托机构和幼儿园发出邀请，每年都会有数千名儿童参加。这是整个活动中尤哈娜最喜欢的部分，“看到这么多小孩子聚在一起，一张张小小的笑脸，有的兴奋得大叫，有的为了取暖不停跳高，特别可爱”。这些孩子中，还有一些是被芬兰家庭收养的中国孩子，对这些家庭来说，让孩子保持和中国的联系是非常重要的，所以他们每年都会来到活动现场庆祝中国春节。

赫尔辛基市的幼儿园小朋友们参观“漂亮的兵马俑”彩灯展（2015年）

可爱的芬兰儿童在面向儿童的专场活动中

15年来，芬兰“欢乐春节”文化庙会活动得到了很多组织机构的支持和帮助。尤哈娜说，筹备首届活动时，赫尔辛基方面和北京并没有取得直接联系，因此中国驻芬兰大使馆起到了很关键的作用，不仅深度参与活动的筹备工作，而且还帮助赫尔辛基与北京建立联系。

“芬中协会不仅是我们的合作伙伴，也是活动主办方之一，他们从第一届开始就发挥了重要的作用。”尤哈娜说，“这么多年来，芬中协会始终参与活动的重大决策，提出了很多好的建议和想法。”

此外，还有很多重要的合作伙伴值得一提，比如华人联谊会帮助筹备庙会项目，找到很多餐饮项目，还帮助组织舞龙舞狮表演等。赞助商方面，非常感谢来自芬兰航空、通力电梯两家企业和芬兰政府对活动的长期支持。

谈及对活动未来的展望，尤哈娜说，希望能保留这项活动多年来积累下来的传统，同时加入各种新鲜元素。“希望我们和北京的合作伙伴一起为这座城市的人民找到更多好玩、有趣的内容，让活动一直持续举办下去，并且充满活力。这是我们的使命！”

“放弃与家人团聚的机会，值得！”

记述者：

当年宣武区群众文化演出团团员

“放弃与家人团聚的机会，到芬兰过一个别开生面的春节，为中国传统文化的传播尽一点力量，一切都是值得的！”2008年2月，由32名成员组成的宣武区群众文化演出团，来到了北欧美丽的千湖之国——芬兰，开展“欢乐春节”文化庙会活动。演出过后，演员们发出如此感叹。

来自中国的演员们

演出活动在赫尔辛基、坦佩雷、库奥匹奥三座城市举行。6天的演出行程，共计演出17场，受到华人、华侨、留学生和当地各界人士的热烈欢迎和广泛赞誉。这些表演也引起了当地媒体的关注，赫尔辛基最具影响力的《赫尔辛基日报》连续几天对该活动进行了大幅报道。

回国后，演员们将演出过程中深刻的感受化作笔端真挚的文字：

“大家都以为小朋友看不懂我们的节目，只是老师安排必须看罢了，谁知舞狮一上台，台下的欢呼声，叫成一片，老师和孩子们的喊声把音乐都压下去了。由于场地湿滑的原因，原本编排的高难度技巧不得不省略掉，可是演员们被当时的气氛所感染，居然把坐头转、侧空翻、挂腰旋转等技巧都一股脑儿做了出来，从1.5米高的舞台上跳到孩子们面前和他们近距离互动，把整个活动推向了高潮。也为此次演出打下了一个好的基础。”

“由于当天下雪，舞台上很湿滑，我们演员用扎实的基本功和优秀的表演赢得了观众的热烈掌声，同时也突破了体力极限，仅当天9名演员就表演了13场，包括功夫、舞狮、‘赛活驴’。演员们在不停地赶场、换装中度过了大年三十的倒计时。在国内，这时应是和家人团圆欢庆、吃着年夜饭的时刻，而此时我们带着疲惫，带着领导的嘱托，带着中国人民的深情厚谊，把我们的文化展示给了芬兰人民，并在最重要的一天完成了我们的演出任务。”

精彩的舞龙表演让芬兰观众纷纷举起手中的设备拍照留念

“当时下着雪，天气很冷，但为了确保演出质量，演员们仍然穿着单薄的演出服。在表演‘赛活驴’时，有位演员因为地滑摔在了地上，衣服湿透了，但他还在继续表演，凭借自己的舞台经验，观众不但没看出来这是失误，反而以为是节目有意编排。表演最终赢得了观众的掌声，而这位演员下场后，眼泪在眼圈里打转，我们才发现他的胯和膝盖都摔青了。作为领队非常心疼自己的队员，但是为了此次演出的顺利完成和祖国的荣誉，再苦再累也要坚持到演出结束。”

一句句，一行行，演员们发自肺腑地记录下“欢乐春节”文化庙会活动的精彩瞬间、感人瞬间。

美好的人与情，事与物，总是让人留恋。2007年、2008年，一连两届芬兰“欢乐春节”文化庙会活动，给赫尔辛基民众留下深深的“念想”。赫尔辛基市市长帕尤宁应邀参加北京奥运会开幕式期间，向时任北京市市长郭金龙再次提出希望北京继续支持2009年“快乐春节”文化庙会活动，郭市长欣然表示支持。

2009年1月22日至30日，由北京市第二中学舞蹈团、中国木偶艺术剧院有限责任公司组成的一行43人演出团，赴爱沙尼亚塔林市、芬兰赫尔辛基市举办2009年中国春节庆祝活动。演出团在塔林市和赫尔辛基市共演出7场，其中包括大型演出2场，小型演出5场。演员们克服了大雪、低温和舞台湿滑等不利条件，以精彩的演出征服了现场数万名观众，为赫尔辛基市民以及当地华人华侨带来了一个欢乐祥和的中国牛年。

在24日、25日持续长达4个小时的2场大型室外演出中，漫天大雪、气温极低、舞台湿滑，但演员们丝毫没有因为恶劣的天气条件影响演出的质量。他们穿着单薄的演出服，饱含激情地为观众献上了一个又一个精彩节目，不论是武术、舞狮，还是舞蹈、木偶戏，都赢得了台下观众一片喝彩。

北京—赫尔辛基，紧紧相连，通过文化的交流见证着中芬两国的深情厚谊。

“让京剧艺术在芬兰闪耀”

受访者：刘侗

北京京剧院院长

2010年恰逢中芬建交60周年，自1950年虎年建交以来，可以说，每个虎年都是中芬关系开拓进取、深入发展的一年。在此背景下，2010年的芬兰“欢乐春节”文化庙会活动平添了特殊的内涵与深意。

北京京剧院从青年团中精心挑选了优秀青年演员，组成了一支28人的演出小分队，他们于2月10日至16日赴芬兰赫尔辛基市、奥卢市参加芬兰“欢乐春节”文化庙会活动以及进校园演出活动。

2月11日上午，演出团在美湾双语（芬兰语和汉语）学校礼堂，为来自芬兰和世界各地不同肤色的小学生、中学生表演了两场京剧。这次表演以动作取胜，是京剧表演艺术基本程式和精彩片段的荟萃，是京剧院为了此次赴芬兰演出特意编排的一套融合多种行当、精选多出经典剧目片段、展现多种京剧艺术手段和程式的节目集锦。

“那天，可容纳300人的学校礼堂，每场都足足挤满了400名学生。”刘侗回忆道，剧院优秀的青年演员张淑景、李杨、谭正岩、窦晓璇、詹磊、李丹、于帅等悉数登场。“台上，演员们表演投入，唱、念、做、打样样精彩，美轮美奂；台下，学生们看得津津有味，不时对演员华丽的服饰、优美的唱腔和高难度动作报以热烈的掌声。演出结束后，孩子们提出这样或那样的问题，从他们的踊跃提问中可以感受到他们对中国文化、对京剧艺术十分浓厚的兴趣。”

舞台上的戏曲表演吸引了很多芬兰观众

戏曲表演（2010年）

戏曲表演《三岔口》

当天晚上，芬兰华人商会在赫尔辛基文化中心举办的“迎新春联欢晚会”，也令刘侗记忆深刻。“主要节目还是京剧表演。我们惊讶地发现，表演京剧的除了我们来自北京的演员，还有当地两个芬兰小伙子，他们居然演出的是京剧《三岔口》全本，两个黄头发的小伙子在舞台上翻腾，一招一式很见功夫。原来，这两人曾经在中国戏曲学院接受过短期培训，是真正的京剧爱好者。天下京剧是一家，但愿他们能带动更多的芬兰人喜爱京剧，让京剧艺术在北欧的土地上生根发芽。”

2月13日(中国农历除夕)下午，赫尔辛基市中心的水晶宫广场上人头攒动。随着露天舞台上一段让人热血沸腾的京剧武生开场表演，“欢乐春节”文化庙会活动拉开帷幕。

在长达4个小时的大型室外演出中，虽然寒风瑟瑟，气温降到了零下10摄氏度，但演员们丝毫没有因为恶劣的天气条件而影响演出的质量。他们穿着单薄的演出服，饱含激情地为观众献上一个又一个精彩节目，唱、念、做、打，都赢得了台下观众经久不息的掌声和喝彩声。一位曾在中国生活过8年的芬兰观众表示，他十分喜爱京剧，但从未想过可以在赫尔辛基的街头看到如此高水准的京剧演出。

“演出团此次芬兰之行共演出10余场，演员平均年龄只有27岁，都是剧院精心挑选安排的，也都是独当一面的业务尖子。他们克服了天气、饮食、住宿、语言等重重困难，高质量、高水平地完成了演出任务。回忆起这短短的一周，每一分每一秒都历历在目，很难忘。”刘侗由衷慨叹。

在他看来，参加演出的每位演员都是中芬文化交流的使者和中国京剧艺术的传播者。因此，每一场演出，都是对中国文化的传播和弘扬，每一个节目，都是中国京剧艺术的光彩绽放。

◆ 附 刘侗日志(节选)

2010年2月12日(赫尔辛基时间) 小雪转阴

我们下榻的酒店位于市中心。马路对面是一座古典式北欧风情的建筑。这座建筑就是有名的赫尔辛基市凯撒国际文化中心。第三天的演出就在文化中心二楼的剧场举行，分别为小学和幼儿园的孩子演出了两场京剧折子戏。孩子们进场的时候，有的甚至是被老师抱进来的，放在座位上，双脚高出地面。

我曾经有过疑虑，这么小的孩子怎么欣赏得了形式复杂、内涵丰富的京剧表演？但是两场演出，孩子们看得很投入。演出结束后，主办方特意安排了现场教学活动。小观众们争先恐后地上台向演员们求教，迫不及待地学习京剧“猴戏”表演。

在芬兰举办的这几场进校园演出活动，给我留下了深刻的印象，也令我产生了无限遐想。京剧无国界！艺术无国界！越是民族的，越是世界的！每个人都能欣赏京剧，关键是主观上想不想主动接受，客观上有没有机会接近。与芬兰孩子面对面交流，把京剧艺术传播给他们，在他们幼小的心灵里播下中国艺术的种子，留下深刻的中国印象！这一趟再苦再累，我们都值了！

2010年2月13日（赫尔辛基时间） 阴有小雪

今天是中国的大年三十，牛年的最后一天，也是我们来到芬兰后的第四天。

今天，我们将参加赫尔辛基第四届“欢乐春节”文化庙会活动的室外演出，也是此次行程的主要活动，全体演职人员面临着最严峻的考验。赫尔辛基白天最高气温是零下15度，风力达到三四级。这一天，5万多芬兰人和华人来到赫尔辛基市中心的水晶宫广场参加庙会活动。我们的演出时间长达4个小时，分6个段落巡回进行。尽管赫尔辛基市政府在改善舞台和后台条件上做了很多努力，提供演出过程中的保暖、休息、用餐和饮水等，但是作为领队，王朝晖（原北京市文化局工会副主席）和我还是为大家捏了把汗。在广场上拍几张照片双手尚且冻得不行，更何况演员要穿着单衣在台上翻腾跌扑！

水晶宫广场上人头攒动，当地的华人商会组织搭建了很多临时帐篷作为售货亭，销售一些中国的小商品和小食品，很有中国“年味儿”。广场的一头临时搭建了一个活动舞台，演出就在这个临时舞台上进行。舞台幕布被大风吹得呼啦啦响。电视台调试设备和录制节目的工作人员都用厚厚的棉衣把自己裹得严严实实。

下午2点20分（北京时间晚上8点20分），随着一段让人热血沸腾的京剧武生开场表演，第四届芬兰“欢乐春节”文化庙会活动拉开了帷幕。京剧《京剧风采》的全部节目循序演出，所有演员全部出场。演出过程中，演员们穿着单薄的演出服，以高昂的士气投入演出中，严肃认真地完成每一个节目。常常是一个节目下来，演员们的手指都冻僵了。大家发扬连续作战精神，互相鼓励、互相支持，饱含激情地为观众献上一个又一个精彩节目，不论是唱、念、做、舞，还是开打，都赢得了台下观众经久不息的掌声和喝彩声。

下午6点，也就是北京时间晚上12点，演出进入高潮。广场大屏幕上播放的中央电视台《春节联欢晚会》实况直播的钟声敲响，虎年来了！演员们身在异乡进行中国文化的传播工作，感到由衷地幸福，也为中国在芬兰有如此之大的影响力而深深地自豪！

其实大家都很想家。每逢佳节倍思亲！我们此行演出团演员平均年龄27岁，其中有几位还是不满20岁的孩子，这是他们第一次出远门，也是第一次在外过春节。

“越是容易让人家明白的民族的东西，才越是世界的”

受访者：松岩
国家一级演员、北京风雷京剧团团长

在这28个帐篷中，有的提供汉语学习和教学咨询，有的展示和销售具有中国特色的纪念品和中国传统小吃，还有的展示中国针灸、拔罐和中国武术……

2011年2月2日下午4点，芬兰“欢乐春节”文化庙会活动在赫尔辛基市中心的水晶宫广场开幕。现场搭建的28个帐篷，吸引了许多人的注意。与此同时，在临时搭建的舞台上，由北京风雷京剧团负责组织的京剧、杂技、舞蹈表演的演员们，不畏严寒，为当地民众献上精彩演出。

与芬兰儿童热情互动的舞蹈演员

在芬兰期间，演出团还为全芬兰唯一的一所中芬双语学校美湾学校的学生进行了两场表演。这其中，京剧折子戏《闹龙宫》深受喜爱。松岩在戏中饰演孙悟空，“我在台上，能明显感觉到观众的兴致很高，他们似乎对京剧并不陌生，而且深悟其中的乐趣”。

此次赫尔辛基之行，让松岩对包括“欢乐春节”文化庙会活动在内的中外文化交流活动有了更多思考。“早年，走出去，当地民众可能主要是来看热闹；然而，近些年来，国外观众逐渐不满足于此，他们不仅对展示的节目质量有了更进一步的要求，还对节目背后的文化，更有兴趣了。”松岩说。

在这种趋势之下，中国文化走出去就面临一个现实的问题，既做“面子”，又要做“里子”，从面子到里子，都要做好，用松岩的话来说，“做的活动既要有形式感，又要去研究如何让当地民众感受到形式感背后的本质、内涵，也就是中国文化的精髓”。

他有一个切身的体会，在举办地多搞一些主题讲座，可能是一个不错的主意。他曾经在一个讲座活动上讲解京剧知识。比如，在舞台上，当演员手持马鞭不上马时，鞭子代表马；当跨上马背之后，这个鞭子就代表本体了……台下观众，无论老少都听得津津有味，而且能提出各种专业问题。

另外，松岩建议加强体验式文化交流，比如，演出前，请观众体验京剧脸谱模具的勾画，并且告诉他们相关知识：红色，代表忠诚；黄色，代表刚烈；黑色，代表愚忠；白色，代表奸诈……“这样做，能让观众有强烈的参与感、融入感，形成台上台下真正的互动。而且，也让他们有机会去了解京剧文化的内涵，对中国的人文理念也有了一定的了解和认知。”

“我们总是说，越是民族的越是世界的，这话也不全对，应该说，越是让人家搞得懂的民族的东西，才越是世界的。”这是松岩的心里话，也是他这么多年参与中外文化交流活动所感悟到的。

芬兰“欢乐春节”文化庙会活动已经举办了15年，在赫尔辛基当地民众心目中形成强烈“约会意识”的同时，也逐渐树立起了品牌形象。关于未来如何更进一步擦亮这个品牌，使其拥有更广泛的影响力，松岩有着自己独到的见解。他提出一个概念：精准文化交流。

“应该针对不同国家和地区观众的审美喜好、实际需求，来确定我们呈现和展示什么样的内容。”松岩说，既要有非常大众化的、接地气的内容和形式，也应该有体现戏剧文化的、殿堂化的一些内容和形式，比如京剧。早些年，我们带出去的可能都是折子戏，为了在短时间内集中展现京剧的魅力。近些年来，随着国外观众对中国京剧认知的加深，我们可以带出去一部相对完整的京剧，有故事性、情节性。另外就是可以考虑更丰富的艺术形式，比如既弘扬中国传统文化，又体现当代艺术风采的小型戏剧。如果能与当地文化背景融合就更好了。

“这样的话，我们可以从三个层面来做，潜移默化，对外文化交流就会更有传播力度，走得更远。”此外，在他看来，对外文化交流应该采取市场化运作，“真正好的东西，不愁没市场，肯定有市场价值，所以可以考虑市场化运作”。

第二篇章　深耕

叫响世界品牌，讲好中国故事

在芬兰赫尔辛基，每年“欢乐春节”文化庙会活动的保留节目——新年烟花表演，是只有过中国春节才有的待遇，当地其他活动均无此特殊“礼遇”。“现在我们已经把中国春节作为我们的传统节日之一。”赫尔辛基当地民众发出这样的心声。

自2010年起，为进一步打造中国对外文化交流品牌，传播中国主流声音，海外春节活动加大资源整合力度，加强央地合作、部市合作，由文化部（现为文化和旅游部）携手外交部、教育部、国家广电总局、国务院侨办等多部门，从全国20多个省、自治区和直辖市选派了60多个项目，统一以“欢乐春节”为名，以“欢乐春节、和谐世界”为主题，成功出访40多个国家和地区。

按照文化部的统一部署，北京市为芬兰“欢乐春节”文化庙会活动提出了更高要求和期望，那就是使这项活动品牌化、规模化、常态化，同时进行机制化、本土化、市场化的创新尝试。

“民族的就是世界的”

受访者：格日乐图
中央民族大学中国少数民族语言文学学院党委书记

2013年2月9日除夕夜，当中央电视台《春节联欢晚会》拉开帷幕时，远在“北欧白都”的芬兰赫尔辛基，一场盛大的“欢乐春节”文化庙会活动也在漫天风雪中如约而至。

这个春节，对中央民族大学中国少数民族语言文学学院党委书记格日乐图和中央民族大学舞蹈学院的20位师生来说，难以忘怀。他们在芬兰赫尔辛基体验了一回在皑皑白雪中翩翩起舞的独特感觉。

雪花纷飞中的舞狮队伍（2013年）

二月的芬兰，大雪纷飞，赫尔辛基市中心的水晶宫广场上喜庆的红灯笼高高悬挂，在这个银白色的世界里，到处都可以看到中国红。距离主体活动开始还有半个小时，当地武术爱好者沿着城市主干道舞起两条18米长龙和四只狮子，沿途几家商户按中国习俗在大门口悬挂红包等待狮子来叼抢。舞龙、舞狮队把大批市民引到了水晶宫广场，热闹的景象让人误以为这是北京的庙会，充满浓浓的中国春节气氛。

演出从傣族舞蹈《水乡》开始。由于活动开始前大雪已飘了一个多小时，舞台上的地毯早已湿透，演员们刚一上台舞鞋就全湿了，再加上傣族服装露着胳膊和腰，更是寒气袭人。表演双人舞《遇》的余梦露和搭档甚至要跪或躺在舞台上，冰凉刺骨。但是在现场大屏幕的特写镜头里，姑娘、小伙一个个笑靥如花，每个动作都一丝不苟。

中央民族大学舞蹈学院作为中国顶尖的舞蹈学院，尤其擅长少数民族舞蹈，是民族舞蹈家的摇篮，优秀的舞蹈作品频出。格日乐图说，接到出访任务后，师生们利用寒假时间抓紧排练节目。节目的选择并不是难题，因为学院有一两百部作品能随时拿出来表演。最终，他们为这次演出准备了十几个节目，包括傣族舞蹈、维吾尔族舞蹈和蒙古族舞蹈等。

严寒中的舞姿风采（2013年）

此前，中央民族大学舞蹈学院经常应邀出国访问演出，受到过各国友人的高度赞扬。然而这次却与以往不尽相同，他们先是经历了一段艰辛的旅程：因路途遥远、交通不便，从北京出发的他们只能在莫斯科转机，更糟糕的是在莫斯科机场足足苦等了12个小时才得以飞赴芬兰。

等到了芬兰才发现，相对于芬兰的寒冷天气，旅途的艰辛根本不算什么。“我们之前也去过很多国家，有很多也是在广场上演出，但那都是在夏天。”格日乐图对当时的大雪记忆深刻，“雪好大，天特别冷”。他清楚记得彩排时，穿着单薄舞服的学生们冻得瑟瑟发抖，“有个跳傣族舞蹈的女生，穿着傣族服装，露着胳膊和腿，所跳动作有很多是要贴在地面上完成的，尽管这么寒冷和艰苦，但只要一上台，那精气神立马不一样，说跳就跳，说趴下就趴下，非常敬业，我在台下看得也是非常感动”。在天寒地冻的环境中表演，对这些年轻的舞蹈者来说，是一次难忘的体验。

即使雪打风吹，这些来自东方的舞者们仍然感到了温暖和欣慰。“我不知道当地人对中国的舞蹈是否理解，但是舞蹈是一种无声的语言，我觉得他们还是可以感受到的，只是会在表达的意思和情境上有些陌生。”当格日乐图看到数万名芬兰当地民众冒着大雪前来参与这场持续了4个小时的活动时，他更加坚信观众懂得他们的“无声语言”，“这就是中国传统文化的魅力所在，民族的就是世界的”！

在格日乐图看来，多元化的文化交流，能让外国人从另一个角度了解中国人，中国文化不仅仅有中国功夫，还有舞蹈、音乐、非物质文化遗产等，“当地人亲身体验、亲眼看见，这种文化交流更加直观”。他觉得，学生们有了芬兰演出的交流体验后，会更加热爱中国文化，更加全身心投入自己的专业。“他们会用自己的身心来表达对民族文化的热爱，这样表现出来的东西（作品）就不一样了！”

来自北京的中学生“文化小使者”

受访者：
张　薇　北京市育英中学教师
周　琦　北京科技大学附属中学教师
王春风　北京世纪华信国际教育文化交流中心总经理

从试水到深化，再到扎根，芬兰“欢乐春节”文化庙会活动走过了15年历程，提供了一个中国文化“走出去”的样本，即如何将中国文化持续不断地输出，融入当地民众的生活。在这其中，每一位参与者，都是当之无愧的文化使者，包括一群特殊的“文化小使者”——来自北京的中学生。

北京市育英中学出访学生代表合影

自2014年起，在北京市文化局（现北京市文化和旅游局）的邀请下，北京市育英中学、北京科技大学附属中学开启了每年一次的芬兰“欢乐春节”文化庙会活动之旅。“这两所学校和芬兰是有渊源的。”负责此项事务的北京世纪华信国际教育文化交流中心负责人王春风说。原来，从2008年开始，这两所学校每年都派学生去芬兰进行教育交流。

在以往教育交流的基础上，能够参加芬兰“欢乐春节”文化庙会活动这样大规模、高级别的外事交流活动，实在是难能可贵的机会。“这个活动在赫尔辛基当地的影响力那么大，对增强学生们的文化自信大有益处。”北京科技大学附属中学的周琦老师深有感触地说。

每年报名者非常多，最终只有大约50名中学生幸运入选。为了选派最佳代表，学校明确了评选标准：语言能力、文化及艺术特长成为优先选拔条件。

北京市育英中学的张薇老师表示，无论是深入芬兰家庭交流，还是参加芬兰“欢乐春节”文化庙会活动，能自如地进行英语交流是非常重要的。“学生们需要面对面向芬兰民众演示、介绍中国传统文化，如果语言不过关，会大大影响交流效果；其次，要有一定的文化艺术特长，比如书法、乐器、舞蹈等。毕竟，这是一个大型的文化交流活动。”

2018年，张薇老师带孩子们走出国门远赴芬兰赫尔辛基，在回忆当年的活动筹办情况时，诸多细节历历在目。“第一步是资料收集工作，学生们被分成三组：一组负责查阅芬兰风土人情，一组负责了解文化背景，还有一组搜集学校往届参与情况。在搜集整理资料的过程中，孩子们对芬兰和中国文化有了比较深入的了解和认知。”

说起活动当天情景，张薇非常感动，“广场上人山人海，突然人群中发出一阵欢呼声，原来是中国除夕倒计时，这与国内中央电视台《春节联欢晚会》同步。当时，赫尔辛基的室外温度很低，但丝毫没有影响人们参与活动的热情”。

为了不让孩子们冻着，老师们把他们分成三组，轮流上阵，场下轮候的小组可以去街边商店取暖等待。但出乎老师们意料，没有一个孩子愿意离开。

“我们的帐篷前有一大群人，孩子们忙前忙后，但没有一个人愿意去室内取暖。他们对我说：‘老师，我不走，这个太有意义了。’”张薇回忆说：“担任民乐演奏的同学，手指头都冻得伸不直了，仍然坚持弹奏。而有一些平时内向不善言辞的同学，也不同于以往，全程热心地与芬兰观众交流。”

在张薇看来，学生们除了进行文艺表演，还承担了文化互动的职能，比如带着芬兰人一起写福字春联、描画脸谱扇面、编织中国结，不仅要动手展示，还要做相关介绍。由于出国前搜集、整理、熟悉相关资料，孩子们在介绍时都胸有成竹、信手拈来。

学生们在认真地教当地观众描画中国灯笼

穿着生肖服装的学生在给芬兰观众讲解

也是在当年的活动中，担任小主持人的一名初三女生给张薇留下了深刻印象。她独自完成了接近一个半小时的主持工作，甚至还包括前期主持词撰写、曲目资料查询、英文翻译、校对确认等准备工作。

“向国外民众推介中国传统文化，往往会涉及一些相对专业的内容，比如古诗词，还有曲目名称，翻译这些对成年人来说都有一定难度，更何况她还是个初三学生。”张薇说，这个小主持人硬是通过查找资料、请教老师、咨询专业人士，出色地完成了任务。“孩子们意识到自己担负着传播中华文化的责任，都特别投入和认真。”

和张薇一样，亲历7年芬兰“欢乐春节”文化庙会活动的王春风对孩子们的表现也是赞赏有加，他脑海中也留下了太多美好的画面和感动的瞬间。“我记得，有个特别害羞的芬兰小女孩，从她的眼神中能看出那种热切的渴望。她的妈妈鼓励她和其他孩子一起体验。当她拿到自己参与编织的中国结时，那种兴奋和喜悦真是无法用语言形容。还有一位芬兰妈妈，当我们的孩子给她介绍完中国春联的寓意后，她很开心地说，回去要把春联贴到自家门上，还要告诉邻居，这是来自中国的礼物。”

通过成为这次活动的文化小使者，孩子们不仅提升了个人能力、拓展了视野，而且培养了对民族文化的认同感和自豪感。很多日常难有切身感受的事情，因为亲身参与而深刻植根于孩子们的心中。“孩子们离开芬兰赫尔辛基时，与接待他们的家庭难舍难分，彼此都泪流满面。这种情感很真挚，与深入的民心交融和文化交流是紧密相关的。”张薇说。

因为采访的原因，张薇又联系了两年前和她一起出访的学生，孩子们纷纷给她发来信息：“在芬兰‘欢乐春节’文化庙会活动上，我们布置了自己的摊位，做剪纸，写毛笔字，和当地的很多小朋友一起玩耍交流，特别开心。”“我是民乐表演的一员，我觉得自己作为一个传承人，能把中国的传统民乐带到芬兰，能够让芬兰孩子感受中国民乐的美，特别荣幸！”

孩子们真切的话语，成为那些美好时光最生动的诠释。亲自参与、亲身感受，给这些文化小使者们很大的触动，而这不也正是芬兰“欢乐春节”文化庙会活动最大的意义与价值所在么？

文化交流、文明互鉴，潜移默化、润物无声……

◆ 补记：

2014年，我带团参加了芬兰“欢乐春节”文化庙会活动。可能是因为大西洋暖流的影响，这里的天气并没有朋友之前说的那样寒冷。演出地点是在繁华的商业中心附近的一个露天广场，节目有武术、民族舞蹈、民乐演奏、歌曲演唱等共十几个。赫尔辛基人口密度很低，但当天前来观看演出的人们将广场四周围得水泄不通，使我们沉浸在赫尔辛基人民的热情和友好的氛围里。

从农历大年三十的下午到晚上，演员们一共演出了三场，有不少观众从下午到晚上一连看了三场。这台节目的特点是民族特色浓郁。俗话说，越是民族的越是世界的。在文化交流中，人民需要互通有无。文化的交流让两国人民增进了了解，为两国人民打开了一扇窗户，进而为其他各方面的合作和交往奠定了基础。

现场还有当地中餐厅设立的摊位，售卖饺子、驴打滚等小吃，此外还有现场制作并销售的手工艺品等，赫尔辛基市民在观看演出之后，可以尽情体验这些特色活动。

在寒冷的冬季，“欢乐春节”文化庙会活动成为赫尔辛基人民体验中国文化的一个欢乐节日。

——关宇（现任北京市文化和旅游局一级巡视员）

◆ 附：

《烟花绽放芬兰首都赫尔辛基 数万当地人逛中国庙会》（节选）

2014年2月1日 《北京日报》记者 刘振生

“5、4、3、2、1，Yeah！”当中央电视台农历新年的钟声敲响时，远在万里之遥的芬兰首都赫尔辛基也沸腾了。在赫尔辛基参加“欢乐春节”文化庙会活动的数万观众，兴奋地大声数着倒计时。伴随着声声巨响，绚丽的烟花相继冲天而起，绽放在“波罗的海明珠”赫尔辛基的夜空。

赫尔辛基时间1月30日下午三点半，舞龙舞狮表演率先登场，拉开了“欢乐春节”文化庙会活动的序幕。在喜庆的锣鼓声中，由华人华侨和当地武术爱好者组成的一对长龙和三只“南狮”队伍，从赫尔辛基市著名的商业中心和雕塑“三个打铁匠”出发，由警车开道，沿着城市主干道巡游。队伍不时停在商户门前，按照中国传统习俗，讨要“采青”。热闹的舞龙舞狮表演，引来众多市民驻足观看。

水晶宫广场位于赫尔辛基市中心，是此次“欢乐春节”文化庙会活动的主会场。广场门口临时搭建的一座中国牌楼上，用中芬两国语言写着“‘欢乐春节’文化庙会活动”。广场上空四排红灯笼高高挂起，各种售卖、展示中国传统文化元素的摊位分列两旁，营造出了浓浓的中国年味儿。

除了生肖挂件，其他具有春节元素的物品也备受赫尔辛基民众的欢迎。茶叶、包子、烤串、中医中药、福字等，参展的三十余家摊位前，家家人头攒动，非常热闹，仿佛置身北京地坛庙会一般。

当地时间下午四点，“欢乐春节”文化庙会活动的重头戏在北京体育大学带来的集体拳表演中正式开始。武英级（国家运动健将）运动员、全国武术冠军麻飞、孙康等4位小伙子，身着传统武术表演服，动作整齐划一，如猛虎下山，似蛟龙出水，招招刚猛有力，式式令人称奇。舞台旁边的大屏幕把他们的每一个动作和神情进一步放大，方便观众观看。表演完毕，一向被认为有些“害羞”的芬兰人，戴着棉手套忘情鼓掌。

接下来，由中芬双方带来的数十个节目，如舞龙舞狮、独唱、合唱、武术等与中央电视台《春节联欢晚会》的转播交替进行。芬兰当地舞龙团队的精彩表演，赢得不少掌声；随后由5位华人中学生合唱的《拜年》，虽略显稚嫩，但洋溢着浓郁的春节气息；芬兰教师马维自弹自唱的《在这一刻》，引发现场观众由衷的欢呼；由武英级运动员、全国武术冠军张浩、田梦艺等人带来的《太极伞韵》，柔中带刚，静中见动，把演出推向了一个小高潮……

不知不觉演出进行了快两个小时，时针已指向北京时间零点时刻。在北京时间春节钟声即将敲响之际，中国驻芬兰大使馆临时代办陈雯和赫尔辛基市市长尤西·帕尤宁先后致辞。随后，现场大屏幕再次切入中央电视台《春节联欢晚会》的直播现场，接着便有了本文一开始提到的那一幕，随之全场为之彻底沸腾。

赫尔辛基市市长尤西·帕尤宁接受记者采访时说：“‘欢乐春节’文化庙会活动在漫长的冬季给赫尔辛基市民带来了欢乐，是市民交流、沟通的一个很好的平台。”赫尔辛基市文化局局长斯图巴·尼古拉也说：“‘欢乐春节’文化庙会活动就像我们的圣诞节一样，特别受孩子们的欢迎。”

“天气很冷，但是我们的心很热！”

受访者：吴琼

北京市杂技学校副校长

民乐和杂技是2015年芬兰“欢乐春节”文化庙会活动演出节目的两大版块。其中，杂技方面是由北京市杂技学校副校长吴琼带队出征，“我们是由4个单位组成的一支联合团队，带去了顶碗、柔术、滚杯、桌上球技、对手芭蕾等节目”。

关于那次演出，她印象最深刻的就是一个字——冷。“演员们候场的‘后台’是图书馆的一间阶梯教室，他们从这里大概要走将近100米长的雪路，才能到达广场上临时搭建的露天舞台进行表演。芬兰的冬天真的是非常冷，又下了雪，演员们的感受可想而知。”

在杂技团干了20多年的吴琼，将这些年轻的演员们视作“孩子”，无比心疼他们。“对手芭蕾的男演员光着腿，上身穿跨栏背心。女演员穿着类似花样滑冰那样的演出服，你说冷不冷？”让她特别感动的是，为了取暖，演员们上台前往身上贴了很多“暖宝宝”，而等到上台时，全部揭掉，“他们要把最专业、最好的演出效果呈现给赫尔辛基的观众。除了演出，他们还要承担舞台工作人员的职责，抢景、迁换、捡场，都由他们来做，台上台下，很辛苦，表现出高度的责任感和纪律性”。

出访团队的辛苦付出，得到了当地民众的热烈回应，用吴琼的话说：“天气很冷，但是我们的心很热！”

据她观察，经过多年相约而聚，当地民众对“欢乐春节”文化庙会活动已经非常熟悉了。“活动正式开始前，他们早早就聚集到了这里，而且一看就是有备而来，穿着暖和的连体羽绒服，携老扶幼，甚至还有坐着轮椅来的……我发现他们素质很高，虽说人数众多，但是秩序很好，肩上扛着孩子的都会自觉站到后边，以防阻碍别人的视线。场地前排有铁栏杆，隔开舞台区域与观众区域，小孩子们绝对不会爬上去。相反，他们会通过栏杆缝隙观看节目，很有规矩。演出结束后，他们也久久不愿离开，看一看非物质文化遗产展览，尝一尝中国小吃……真的是一派欢乐喜庆的氛围！”

当地民众体验剪纸等非物质文化遗产艺术（2015年）

令吴琼印象深刻的还有一个场景：观众们在广场四周的兵马俑彩灯中穿梭游逛，非常欢乐。其实，这正是2015年芬兰“欢乐春节”文化庙会活动的一大内容创新。这一年，在文化部（现为文化和旅游部）和市委、市政府的指导下，朝阳区文委组织的“漂亮的兵马俑”彩灯展第一次亮相“欢乐春节”。

同期举办的“魅力北京·激情冬奥”展览，也受到热切关注。故宫、长城、北海、颐和园的美景，鸟巢、国家大剧院、CBD的雄姿，深深吸引着芬兰的男女老少。一位观众非常自豪地告诉他的朋友，他去过故宫，那是个非常震撼的地方。来自北京的冰雪运动引起了大家的共鸣，冰上秧歌、冰车、冰球，充满生活乐趣的场景，让他们驻足。

“漂亮的兵马俑”彩灯展吸引了人们的关注（2015年）

同是这一年，“欢乐春节”文化庙会活动对春节文化的传播推广有了新的维度和拓展，那就是中国的生肖文化。文化部外联局（现文化和旅游部国际交流与合作局）和北京市文化局（现北京市文化和旅游局）联合举办了首届“吉庆生肖设计大赛”暨“2015年羊年生肖设计大赛”，面向全球征集设计作品。最终，大赛共收到投稿1,811件，参赛者最小的只有5岁，最大的70岁。

“吉庆生肖设计大赛”举办至今，通过生肖符号增强了“欢乐春节”文化庙会活动的影响力和参与度，提升了中国文化在海外的推广。赫尔辛基市前市长帕尤宁先生曾在一个场合提道，“我属马，今年是马年”。可见，中国的生肖文化在遥远的异国他乡，也找到了知音。

“漂亮的兵马俑”漂洋过海

受访者：
杨 格 北京市文化和旅游局对外交流与合作处项目负责人
夏 男 北京市朝阳区文化馆业务教师、兵马俑彩灯设计者

芬兰“欢乐春节”文化庙会活动自举办以来，每年都以独有的特色、推陈出新的内容获得北欧人民的喝彩。对组织策划者来说，如何让每一届都与众不同，是每年都要面临的挑战。对北京市文化和旅游局对外交流与合作处的工作人员杨格来说，印象最深刻的一次“发愁”，是2015年的“欢乐春节”文化庙会活动。

2014年年底，中芬双方工作人员齐聚北京，商讨活动内容。“我们面面相觑，半天谁都没有说话。”杨格回忆当时的场景说，因为没能发现更新颖的项目，大家都有些失落。

“漂亮的兵马俑”彩灯展

正当我们一筹莫展时，芬方出乎意料地对一个创意展览项目产生了浓厚的兴趣，那就是“漂亮的兵马俑”。这个展览项目来自朝阳区文化馆，是由一群身披铠甲的东方兵俑组成，它们被彩灯照亮。

杨格没想到芬方工作人员会对这个展览情有独钟。“他们可能认为，在冰天雪地里有这么一个兵马俑彩灯展，而且是很大规模的，会有很好的效果。”这之后，朝阳区文化馆展示了兵马俑彩灯展在爱尔兰展出时的照片，同样是冬夜，同样是冰天雪地，这让芬方工作人员有了更直观的感受，马上拍板敲定了这个展览。

“漂亮的兵马俑”彩灯展起源于2008年北京奥运会，创意来自北京市朝阳区文化馆时任馆长徐伟，由夏男担任设计。“兵马俑代表了中国传统文化、中国元素。中国人过节一般用灯来烘托节日气氛，所以就考虑到用彩灯的表现手法，展现兵马俑的元素，烘托奥运会在北京举办的喜庆气氛。”夏男说。

彩灯兵马俑采用国家级非物质文化遗产项目——北京灯彩传统手工轧制技艺制作。这种基于兵马俑元素的艺术再造，经历了漫长的、不断创新的过程。

赫尔辛基夜色下的“漂亮的兵马俑”彩灯展（局部）（2015年）

赫尔辛基夜色下的“漂亮的兵马俑”彩灯展（全景）（2015年）

“这也是对传统技艺的一次突破。”夏男介绍说，整个制作过程耗时四到五个月，尤其是在造型方面煞费心血。

兵马俑的脚、躯干用了灯笼的轧制方法，内部采用冷光源。但是头部和双臂却需要另找方法。轧制技艺的非物质文化遗产传承人王燕敏，此前制作的是诸如娃娃抱鱼、莲花灯等造型，没有制作人物头部具体形态的经验。经过反复试验，最后采用雕塑的手法把人物头部做成了写实风格。

另外，传统风格的彩灯造型多为写意，如何让“漂亮的兵马俑”更贴近兵马俑的真实形态也是难点。夏男等人在彩灯内部搭建龙骨墙，在龙骨上编排龙骨格，让兵马俑的胳膊上出现纹理，才达到了身披铠甲的效果。

彩灯兵马俑第一次展出是2008年8月8日在北京世贸天阶文化广场上，就是奥运会开幕式那天。展出当天反响很好，尤其是外国人觉得很稀奇，很有意思。兵马俑有红、黄、蓝、绿、白、藕荷6种颜色，非常漂亮。

2012年，“漂亮的兵马俑”第一次去国外展出，远赴英国伦敦参加第25届“英国斯托克顿国际河畔艺术节”。在为期3天的展期中，“漂亮的兵马俑”吸引了过万名观众，这对于一个仅有17万人参与的艺术节来说是非常罕见的。

展览设在一座废弃的教堂内，当时媒体报道说，“漂亮的兵马俑”与英国古典教堂建筑的断壁残垣相映成趣，形成了震撼的现场效果。一位当地女士参观后激动地说：“当我还是个小姑娘的时候，这个教堂还是完好无损的，但后来我目睹了教堂被摧毁并烧毁，心里十分难过。这次展览赋予了这座古老的教堂新的生命，我真的非常感动。”

“漂亮的兵马俑”还在历史悠久的爱丁堡大学展出过，有不少学生对中国的文化和历史表现出浓厚的兴趣。2008年至今，“漂亮的兵马俑”已在欧洲、大洋洲、南美洲的多个国家展出，仅在英国就展出过4次。“外国人确实很喜欢这个东西，每到一个地方展示的时候，人们都围着它仔细看，并纷纷拍照。”夏男说。

据他介绍，兵马俑在不同地方展出会有一些变化。例如，欧洲冬天比较阴冷，有时候会下雨，但澳大利亚、新西兰，阳光非常强烈，比较晒，所以这些兵马俑回国后就需要翻新。另外，运输过程也可能会损坏电路。“运输都是海运，每个兵马俑完整地装在集装箱里，从天津港出发，基本需要在海上漂泊一个月。我们则会提前两三天达到展览举办地，踏勘完场地之后，把兵马俑拿出来，如果有损坏就得赶紧在现场进行修补。”

兵马俑彩灯是在传统文化元素的基础上进行艺术创新，广受国内外好评，因此，北京市文化局（现北京市文化和旅游局）推荐其参加芬兰“欢乐春节”文化庙会活动。

2015年，“漂亮的兵马俑”在赫尔辛基同样受到了当地市民的关注和喜爱。据媒体报道，展览原本定于2月12日开始，但在前期布展试灯时，就吸引了大量的赫尔辛基市民。最后应芬方的强烈要求，展览提前到2月10日亮灯，且通宵不熄灯，以满足市民们观赏灯展的热切需求。

展期内，每天都有近万名市民前来参观。许多市民向工作人员询问这些彩灯是否可以永久留在芬兰展出，还有人提出能否购买回家摆放。展区附近的一家幼儿园，每天都带领全园小朋友来此观赏兵马俑彩灯，幼儿园的园长、老师还主动找到工作人员，想了解更多关于兵马俑和灯笼的故事，以便给小朋友讲解。

展览结束后，赫尔辛基市文化局（现赫尔辛基市文化和休闲部）局长斯图巴·尼古拉说：“‘漂亮的兵马俑’彩灯展是2015年最受欢迎的展览之一。”

“在国内展出时，中国人都知道兵马俑是殉葬品，可能会觉得这有什么好展示的。然而，在国外展出时，没来过中国的人，会觉得挺好看的；来过中国的人，尤其是去过西安的，会因此而与你深入交流。”夏男说。

经过跨文化交流后，“漂亮的兵马俑”所蕴含的中国历史故事，以及北京灯彩传统手工轧制技艺所折射出的中国传统文化的魅力，就这样生动而鲜活地传递给了大洋彼岸的人们。

赫尔辛基市民喜欢与彩色的兵马俑合影

◆ 附：媒体报道（节选）

“欢乐春节”文化庙会活动绽放赫尔辛基

人民网　2015年02月20日　记者卢亭

当地时间2月18日下午6点（北京时间农历正月初一零时），伴随着中央电视台《春节联欢晚会》直播羊年倒计时的画面，芬兰赫尔辛基市中心的水晶宫广场上数万民众用汉语高呼“羊年快乐”，庆祝羊年春节的到来。

当天，由赫尔辛基市政府、北京市政府联合主办，北京市文化局承办的第九届“欢乐春节”文化庙会活动在芬兰首都盛大举行，超过5万名当地民众不顾严寒来到活动现场欣赏北京文化代表团的演出、兵马俑展览和非物质文化遗产的展示，与华人一起守岁过年。

芬兰民众热情参与中国春节庙会

除夕当天，赫尔辛基水晶宫广场红灯高挂，中国红映照全场。尽管上午下了一场小雪，最低温度达到零下5摄氏度，但寒冷挡不住当地民众参与“欢乐春节”文化庙会活动的热情。当地许多家庭倾巢出动，周边一些欧洲国家的居民甚至专程赶来，要在农历除夕夜共享来自遥远中国的羊年祝福。

“欢乐春节”文化庙会活动已在赫尔辛基连续举办9届，成为当地冬季室外文化活动不可缺少的重头戏。今年的庙会规模更大，内容更丰富，从下午3点开始到晚上8点，巡游、文艺演出、展览、非物质文化遗产展示、美食纷纷登场，现场人流涌动，掌声不断。

舞台上，包含中国元素的喜庆演出让赫尔辛基民众沉浸在春节气氛中，早已忘记了寒冷。“巨龙”舞起来，“雄狮”跳起来。活力四射的中国功夫更是让台下的小观众看得目不转睛，手舞足蹈。当红绸舞、宫廷舞将唯美之风刮遍全场的时候，就连怀抱婴儿的妈妈也跟着舞动起来。精彩演出让观众看得如痴如醉，整个广场始终人山人海。

中国美食和民俗展示大受欢迎

在“欢乐春节”文化庙会活动上，远渡重洋从北京到来的剪纸、风筝、空竹这些非物质文化遗产项目特别惹人注目。北京非物质文化遗产传承人在庙会摆摊，亲手教大家剪纸、玩风筝、抖空竹，吸引了许多小朋友和家长亲身体验。

赫尔辛基西贝柳斯音乐学院的中国留学生聂潇楠与赫尔辛基大学的同学们在庙会现场摆起了中国民俗文化摊，他们售卖的中国结、福字等中国工艺品都是同学们回国探亲时顺便带回来的，没想到这些工艺品大受欢迎。这次赫尔辛基市文化局特意邀请中国留学生来这里表演节目，并提供了摊位供他们“练摊”。“赚钱是其次，更重要的是我们也成了传播中国文化的使者，这让我们很高兴！”聂潇楠说。

美食也是“欢乐春节”文化庙会活动的重要内容。春卷、鸡肉串、糖葫芦、大包子……各色中国美食摊位前排起了长龙。当地中餐馆滕王府精心准备的、具有中国特色的发糕、窝头，很快销售一空。Bella、Sunny两位好朋友是结伴而来的，她们已是第二次在这里逛庙会了，中国的糖葫芦是她们的最爱，“难得这么多人聚集在一起，类似大的Party，太开心了”。

“欢乐春节”文化庙会活动已融入赫尔辛基市民生活

当北京时间农历正月初一零时的钟声敲响时，水晶宫广场上燃放起灿烂的烟花。这是赫尔辛基市政府专门为庆祝中国农历新年的到来而燃放的烟花。

当晚8点30分，在多罗湖畔，赫尔辛基市政府还组织了一场大型烟花表演，绚烂多姿的烟花，点亮了美丽城市的夜空，更照亮了欢乐的人群。

据了解，赫尔辛基市政府每年会燃放两次烟花，一次是在每年的元旦，另一次就是在“欢乐春节”文化庙会活动上，专门为庆祝中国农历新年而燃放的。

芬兰民众的热情参与，让中国驻芬兰大使于庆泰很感慨，他表示，中国人的春节习俗已深入赫尔辛基市民的生活中，这也表明中国已经走向世界，中国文化已影响着世界。赫尔辛基市市长尤西·帕尤宁开心极了，他认为“欢乐春节”文化庙会活动，给赫尔辛基市民带来了好运，并在现场向北京市民表达了美好的新春祝福。

十二生肖动物冰雕

受访者：吴泰

冰雕设计师

2018年是芬兰“欢乐春节”文化庙会活动的第12年，中外艺术家共同设计并制作了12座生肖动物冰雕，亮相于赫尔辛基，成为当年活动最大的亮点。

2017年年底的一天，冰雕设计师吴泰接到了一个来自北京市海外交流中心的电话，问他是否愿意参与一个国外出访做冰雕的项目。“当时一听就挺感兴趣的，因为很少有机会去国外，之前只去过一次迪拜，是给一个旅游景区做冰雕景观。而这次是去芬兰，又是‘欢乐春节’这样一个很重要的文化交流活动，所以我们非常愿意去。”吴泰说。

2018年2月13日至2月16日，第12届“欢乐春节”文化庙会活动在芬兰赫尔辛基市如约举行。冰雕展的地点是在赫尔辛基市中央火车站广场的露天溜冰场里。

12座生肖冰雕是由中外艺术家共同完成的。那年是狗年，给吴泰分配的是制作“鸡”冰雕，他的两名同事分别做“狗”和“龙”。剩下的生肖，分别由芬兰本地和俄罗斯、蒙古等国家的冰雕爱好者完成。“和国外这些制作者不同，他们都是爱好者，而我们是职业做冰雕的。所以，对我们来说，并不困难。”

“我们在广场上现场制作，因为是开放的制作环境，当地市民能近距离观看和感受冰雕的制作过程和制作技艺。我们没有做得太快，享受着这个‘边做边玩’的过程。”吴泰说，制作冰雕的过程中，有很多人围观。“虽然语言不通，没办法交流，但是我能感受到当地市民对冰雕很感兴趣，他们表现出很强的好奇心。有的人从早上我们开始做的时候就站在旁边看，等我们弄完了他还在那看，特别执着。”

来自不同国家的冰雕爱好者雕刻中国的十二生肖

中国冰雕师正在雕刻生肖鸡

吴泰还记得在他旁边做冰雕的是一对芬兰男女，“他们都是冰雪爱好者，因为语言不通，我们也没有过多的交流，只能照相合影，比比手势，竖个大拇指。我观察了一下其他国家制作的冰雕，感觉他们做的造型都比较抽象，没有我们做得精细。芬兰虽然是冰雪王国，但据我所知这里好像没有冰雕这个行业。芬兰北极村每年都会邀请中国团队来做雪雕”。

一对冰雕师在认真制作生肖兔的冰雕（2018年）

还有一件事让吴泰至今记忆犹新，那就是当地人对中国文化的认知程度。“‘欢乐春节’文化庙会活动在当地已经举办了12年，非常有名，他们通过这个活动对中国文化有了一定的了解。比如，我们做的中国十二生肖，他们都知道其中的传统文化内涵。”2019年，吴泰再次参加了这个活动。因为那年是猪年，他做了一只蹲着的猪冰雕，造型卡通，胖乎乎的，比较有中国特色，当地人一眼就认出这是猪，都觉得很有趣。

回想自己参与的这两次交流活动，吴泰有一些个人的感受和想法，“我感觉还是得有些变化和创新。比如，2018年做十二生肖，大家都有新鲜感，觉得有意思，但是不能每年都做十二生肖，还是要有一些创新，比如做一些外国小朋友喜欢的造型，做一些外国人可以看懂的内容或者故事”。

圣诞老人首次在罗瓦涅米家乡过中国春节

传说中，北极圈有一个最具童话色彩的神秘村庄，那是圣诞老人和驯鹿居住的地方，人们都叫它圣诞老人村。现实中，圣诞老人就居住在北极圈的罗瓦涅米市——芬兰第二首都、著名旅游地标，他还拥有一间可接待全世界游客拜访的办公室和一间可接收全世界圣诞迷信件的邮局。

2018年2月1日，在狗年春节到来之际，芬兰“欢乐春节”文化庙会活动来到了被誉为北方“女皇”的罗瓦涅米，精心策划的“欢乐春节”生肖主题快闪活动暨“圣诞老人村过大年”活动让这里热闹非凡。这是圣诞老人的故乡首次迎来中国春节，北欧神话的异域风情与中国民俗文化的喜庆吉祥，牵手混搭、相得益彰。

罗瓦涅米活动现场（2018年）

罗瓦涅米是官方唯一认可的圣诞老人的故乡，圣诞村广场的北极圈坐标66° 34′N 023° 51′E，被清晰地刻在地面上。这里也是不少游客争相拍照留念的地方。

红袍白须的圣诞老人乘坐狗拉雪橇亮相，门口迎接大家的是由当地外国友人表演的中国传统舞狮，一招一式，原汁原味。当从狮子口中吐出富有中国特色的春联“花开新时代”“雪颂迎春歌”时，更是引起了现场人群的欢呼。

在室内，孩子们围绕着圣诞老人一起庆祝春节。圣诞老人在中国书法家的指导下，还拿起文房四宝，写起了篆体“福”字。贴春联、写福字、包饺子、抖空竹、放烟花、送红包、民俗表演、非物质文化遗产展示……“欢乐春节”生肖主题快闪活动让这座冰雪覆盖的王国，一夜间充满了中国春节的喜庆氛围，整个村庄洋溢着满满的中国年味。世界各地的游客在亲身感受中国节日的“冲击波”的同时，共同分享着新春祝福。

圣诞老人学写中国福字（2018年）

这次活动融合了中西方文化，中国代表家庭和芬兰当地家庭共同参与。此前启动的全球“吉庆生肖设计大赛”征集评选活动，共征集到手绘明信片作品千余封，其中的优秀作品被带到罗瓦涅米，由罗瓦涅米市市长和圣诞老人共同写上祝福后，再赠送给中国的小朋友。

罗瓦涅米活动现场（2018年）

为了将此次活动圆满地呈现在大众面前，工作人员前期做了大量的调研工作。摄制组前期实地走访了北极村，选取了最具芬兰特色的场地开展活动。场地找好后，积极对接芬兰合作方，沟通协调圣诞老人所参加的各个活动细节，逐个推敲，力求最大限度地展现“北极村过春节”这一中心主旨。

在快闪表演中，所有演员及工作人员必须克服北极圈的严寒天气，在室外平均气温零下30摄氏度的环境中连续拍摄5个小时。工作环境的恶劣并没有降低所有人对演出及拍摄的要求，每个镜头都力求尽善尽美，将最好的效果呈现在观众面前。

此次活动成功引领了芬兰当地人过中国春节的热潮。活动结束后，中国元素依然成为当地人的最爱。据报道，当地人通过“海淘”购买中国春节装饰品。全球唯一官方认证的圣诞老人也开始忙于书写英文春联，每逢有中国游客进入他的办公室，他都会用中文说“狗年大吉”。

“‘欢乐春节’生肖主题快闪活动是为响应一带一路倡议而发起的，是以向世界展示全新的中国春节文化为主旨的活动。可以说是在‘欢乐春节’这个母品牌之下衍生出的‘子品牌’。自2016年首次在纽约举办‘金猴快闪’和2017年‘鸡鸣东方’北京—纽约双城快闪后，首次在芬兰举办这样的快闪活动。”北京市海外文化交流中心主任孙波说。此次活动所承载的春节文化和生肖文化，作为中华传统优秀文化中的非物质文化遗产，将唤起年轻人对传统文化更高涨的热情，这样他们才能更好地传承与创新民族文化精神。

第三篇章　创新

增强交流互鉴，共享世界文明

近年来，随着商贸往来不断加深，中国和芬兰两国之间的接触和交流越来越频繁，两国人民之间的友谊越来越深厚。在这样的背景下，芬兰“欢乐春节”文化庙会活动也着力于打造2.0版，借助市场的力量，探索市场化合作的可能与空间，同时将文化与商贸、旅游、教育、文化产业有机结合，努力朝着品牌化、机制化、市场化发展。

文化是旅游的灵魂，旅游是文化的重要载体。在不同文明交相辉映、共同发展的历史进程中，文化和旅游领域的交流与合作扮演着重要角色。从主场外交活动中文旅元素的精彩演绎，到互办文化年、旅游年的积极互动……以文化、旅游为代表的人文领域交流与合作成果令人瞩目。芬兰“欢乐春节”文化庙会活动着力在文化和旅游的深度融合上下功夫，以文促旅、以旅彰文，全力做好“+”的文章，坚持“宜融则融、能融尽融，以文促旅、以旅彰文”的理念，提升国家文化软实力。

扩大朋友圈 提升平台效应

受访者：龚琛淙

北京市贸促会工作人员

走过15载春秋，芬兰“欢乐春节”文化庙会活动把欢乐祥和的春节氛围和美丽动人的中国景致带到了异国他乡，呈现出融合发展的新气象。

关于这一点，2018年的芬兰“欢乐春节”文化庙会活动堪称最具示范性作用。这一年，北京与赫尔辛基的交流活动拓展到冬奥会、经贸、科技、旅游等多方面，通过“欢乐春节——北京周”系列活动的成功举办，推动实现“文化+旅游”“文化+经贸”“文化+体育（冬奥）”“文化+科技”，充分扩大了活动的“朋友圈”，发挥活动的平台效应。

2018年“欢乐春节”文化庙会活动具有示范性

据北京市贸促会工作人员龚琛淙介绍，在2018年“欢乐春节——北京周”芬兰站期间，北京市贸促会联合北京市科学技术委员会、北京市体育局，与芬兰首都圈经济发展署、赫尔辛基市经济发展局等当地工商机构，通过经贸论坛、项目推介、企业洽谈、合作签约、考察访问等多种形式，合作举办了2018赫尔辛基“北京周”开幕式暨科技创新论坛，并与芬兰首都圈经济发展署、赫尔辛基市经济发展局分别签署了友好合作协议。

签署的友好合作协议，为未来合作奠定了基础。在副巡视员王超英与芬兰首都圈经济发展署首席执行官玛利亚–丽萨·尼尼科斯基的会见中，双方就两国企业需求信息共享达成初步共识，提议建立“定期信息互换+企业对接”的合作模式。这是首次与赫尔辛基当地企业公共服务部门缔结友好关系，是在友好城市交往基础上建立起的常态化友商交流机制，是落实习近平总书记深化中芬友好关系，推进北京—赫尔辛基友好城市关系务实合作、互利共赢的有力之举。

此外，北京市贸促会代表团还参加了3场活动：赫尔辛基市冬季体育装备论坛、赫尔辛基市商业服务研讨会和芬兰企业家交流会，先后与中国驻芬兰大使馆、赫尔辛基市政府、芬兰首都圈经济发展署、赫尔辛基市经济发展局、芬兰冰球联盟、IFK冰球俱乐部等机构领导会谈，并与多家芬兰的企业代表进行直接交流，推介科博会、文博会、北京国际友好商会大会等北京重要展会活动，推广北京科技创新和文化创意产业，对接洽谈合作商机。

“此次是第一次在当地‘欢乐春节——北京周’期间组织开展文化、经贸、体育等多领域的交流活动，之前仅限于文化和旅游方面的活动，以民众参与为主。此次的系列活动，吸引了大量的企业和社会团体的广泛参与，特别是在多场经贸活动中，当地的制造业、服务业还有大量科技初创企业都踊跃参与。”龚琛淙说。

“在芬兰‘欢乐春节’文化庙会活动15年的发展过程中，可以感受到品牌承担的使命感，并努力塑造全方位、多角度、立体化的中国文化形象。”在龚琛淙看来，文化领域的交流体现更多的是鲜活的内容和不同的风格，经贸领域的交往则更侧重务实和互惠互利。在文化宣传推广的过程中，一方面提升文化的商业性转化，另一方面在现代科技商品的输出中加入更具特色的文化元素和价值观内容。利用特色文化元素打造商品的设计亮点和定制式服务，利用商品的消费市场拉长文化的推广周期、扩大受众的影响范围。这样“文化+经贸”便能真正发挥实效，吸引关注，提升活动品牌的影响力。

北京礼物：文旅融合的桥梁

受访者：崔莹
华江文化集团有限公司公关策展部经理

2018年，芬兰“欢乐春节”文化庙会活动得到了北京市旅游发展委员会（现北京市文化和旅游局）的大力支持，将北京旅游及文化展现给更多的欧洲民众，扩大北京知名度，促进文化和旅游的融合。

在当时的“欢乐春节——北京周”系列活动中，增加了更多活动，如“魅力北京”旅游图片展、播放宣传北京与赫尔辛基两地旅游的推广视频等。“北京礼物”文创产品的展示，也是其中的亮点之一。

“北京礼物”是北京市旅游行业协会2014年注册的商标，它是北京旅游商品和文创产品的标志性品牌，体现了古都文化、红色文化、京味文化和创新文化的内涵，展示了北京城市形象，工艺精美、品质优良，富有文化创意特色。

作为“北京礼物”特许运营商之一的华江文化集团有限公司（以下简称“华江”），负责2018年在赫尔辛基举办的文创产品展示活动。

华江是一家成立于2003年的国际性文化创意产业公司，曾连续获得2008北京、2012伦敦、2016巴西三届夏季奥运会的特许经营授权。能成为“北京礼物”的特许运营商，源于华江深谙特许商品开发规律。从产品的创新研发、设计、生产、物流直到销售各个环节，华江都注入了文化概念和创新思想。

北京奥运会的主体育场鸟巢在建造时曾剩下大量特种钢材，这些钢材准备作为废钢回炉处理，但善于“资源整合”和“设计创新”的华江，将400多吨废钢全部买下。经过一番努力，开发出了微型鸟巢模型、微型火炬模型、可口可乐北京奥运徽章等奥运文创产品，受到了市场的热捧。国际奥委会前主席萨马兰奇称赞“鸟巢钢”特许商品是北京奥运会里最好的纪念品。

华江公关策展部经理崔莹介绍，华江对“北京礼物”的产品研发，秉承了其一贯践行的“文化与创意的精神”，以伴手礼为出发点，深度融合文化元素，“基本上所有的产品都是根据中国传统文化或者北京标志性建筑的特点来做的设计。其实，礼物只是一个载体，我们要通过这个载体传播文化，所以它的定位就是一个文化产品”。

崔莹参与了2018年芬兰赫尔辛基之行。据她介绍，带到芬兰的“北京礼物”都是经过精心挑选的、能够代表中国传统文化和北京特色的，比如融合了京剧、熊猫等中国元素。

考虑到欧洲人的生活习惯，崔莹还带去了一些适合当地人使用的陶瓷产品，比如咖啡具套装、茶具、餐盘、面包篮等，这些陶瓷产品属于另一个名为“紫金光华”的产品系列。崔莹说：“这套产品整体的设计感非常中国化，再加上它的器型是适合当地人的，两种文化的碰撞在展出过程中大放异彩，外国人也觉得这些产品非常吸引眼球。”

此外，当时正值北京举办世界园艺博览会前夕，世园会成了“北京礼物”必不可少的文创元素。相关的徽章、钥匙扣、文具、丝巾、配饰等也出现在赫尔辛基的展会现场。

对于展会效果，崔莹出发前心里并没有底。“我们在北欧进行宣传和推广的经验不多，也不确定北欧人对我们产品的看法和接受程度，我们有一些担心，所以我们在筛选产品时会相对保守一些，选择一些感觉大家会比较喜欢的。”

实际上，展会现场的火爆程度让她始料未及。“我当时有一种应接不暇的感觉，现在让我总结起来就是‘人好多’。”崔莹回忆，当时自己忙得不可开交，来观展的北欧小朋友非常多，“三五成群围过来，每人问一句我就懵了”。

以中国十二生肖为元素制作的钥匙扣，极受欢迎，大家都对应着自己的出生年份寻找相应的生肖，导致货品很快售罄。崔莹只能不断道歉，并留下华江的网站和自己的电子邮箱。

“‘北京礼物’是文旅融合中的一座桥梁。”崔莹说：“有些人可能会通过我们的产品，觉得北京这个地方很漂亮，很想去看看。”“北京礼物”让游客不只能看、能感受北京，还能带走这些已经融入了文化的文创产品。崔莹举例说，“如果你只带一个普通的杯子回去，无非就是喝水，但是如果这杯子赋予了更多的文化内涵，你喝水的时候就会想到这个人或者想到这个地方，这就是我们想要的效果”。

看似都是小物件的“北京礼物”，背后承载的其实是一个大使命，那就是探索对外文化交流活动中的商业创新路径。

“欢乐春节”成为芬兰人熟知的节庆活动

受访者：林鸿魁
北京泓羽剧团团长

随着每年“欢乐春节”文化庙会活动在芬兰当地民众心目中的情感色彩越来越浓厚，扩大活动范围并吸引诸如青少年等更精准的受众人群，成为它的一个必然趋势，如2019年第十三届芬兰“欢乐春节”文化庙会活动，最能说明这一点。

2019年2月4日下午，活动在赫尔辛基市颂歌中央图书馆的广场开始，这里有文化机构、商业设施、大型购物中心，人流量大。

这一年的活动，最大的亮点之一是专门面向青少年的文化交流活动。除继续在赫尔辛基举办儿童室外专场演出外，演出团还专门设计和组织了儿童皮影戏专场演出及交流活动。

在颂歌中央图书馆的三楼，北京泓羽剧团为芬兰孩子和家长们带来了传统皮影戏剧目。团长林鸿魁还记得，在临时搭建的小舞台前面铺了地毯，大家席地而坐，轻松随意。

剧团选了两部传统皮影戏《哪吒闹海》和《龟与鹤》。这两部作品里都有武戏动作，耍刀、耍枪，很有意思。在主题表达上，这两部戏充满了正能量，比如《龟与鹤》，传递的其实是普世价值观——反抗强权，展示了中国人古老的智慧。

“我们针对海外演出的特殊性，对剧目进行了适当的改编。《哪吒闹海》这个剧在国内的结尾是龙王三太子被打死，但在国外演出时，我们改成了逃跑。《龟与鹤》也是这样，在国内演出时，是龟把鹤咬死了，在国外演出时，是龟咬了一下就松了口，让鹤飞走了，在剧情上也稍微有所调整。”林鸿魁说，之所以这么做，是想通过故事来传递中国的价值观，做事要留有余地，这也是中国的礼德文化，“武术讲究武德，皮影戏里面的打斗环节也是想传递中国这种文化，所以最后只是把对手打败就可以了，而不一定要打死”。

皮影戏演出现场（2019年）

皮影戏演出现场（2019年）

演出过程中，芬兰观众很投入，并参与互动，充分交流。每到精彩场面出现时，台下便会响起热烈的掌声和欢笑声。“你就知道这块儿大家看懂了，才会有这种反馈。在其他一些国家，他们的欣赏习惯是直到最后谢幕的时候才鼓掌。可见，芬兰观众的表现和中国观众很像。” 林鸿魁说。

他还记得，演出前，主持人用英文给大家讲解了皮影戏的大概内容，并且安排了现场提问环节。“当地人比较热情，听得很仔细，提问也非常踊跃。我们本来安排了10分钟的讲解加提问，最后却变成了25分钟，演出都往后顺延了。”

除了皮影戏，剧团还展示了糖画、年画以及文创产品，比如脸谱T恤衫，卡通造型的兔爷、钟馗，特别受欢迎。最火爆的当属糖画师傅现场制作生肖糖画。“人很多，买到一个糖画至少需要排队30分钟，可见有多么受欢迎。我记得最后卖到原料糖都没有了。”林鸿魁说。为了增加交流，糖画师傅旁边配备了翻译，当地也配了志愿者。在人们排队的过程中，翻译会讲述一些关于中国传统文化和糖画技艺的内容，并回答人们的问题。

芬兰小朋友在糖画摊位前等待（2019年）

林鸿魁和他的团队参加过很多对外文化交流活动，但去芬兰还是第一次，内心感受不同于之前。“我感觉芬兰人对‘欢乐春节’文化庙会活动非常熟悉。就像北京人熟悉北京庙会一样，比如地坛庙会已经举办了几十年，一说大家都知道。你一进去就知道小吃在哪儿，玩的在哪儿，想逛哪儿直接就奔哪儿去了。所有这些，都得益于这个活动在当地连年举办。”

同样是在颂歌中央图书馆的三楼，一场特殊的活动也在进行，那是关于两座城市两家图书馆之间的“秋波”传递，同时也使得芬兰“欢乐春节”文化庙会活动首次延伸至公共文化合作领域。

现场，首都图书馆党委书记肖维平与赫尔辛基城市图书馆馆长万提娜签署了“阅读北京”合作备忘录，未来每年将互办展览、讲座、图书交流、研讨会等各类活动，进一步拓展馆际交流活动。

与此同时，首都图书馆向赫尔辛基城市图书馆捐赠首批英文图书400册，包括《习近平治国理政》第一卷和第二卷英文版、中国古代经典名著、当代中国系列丛书、优秀儿童读物等。

首都图书馆向赫尔辛基城市图书馆捐赠图书（2019年）

为促进文化和旅游的有效融合，全力配合北京2022年冬奥会与冬残奥会的宣传工作，北京市文化和旅游局工作人员还准备了一批北京市旅游宣传册、奥运宣传册，并在“欢乐春节”文化庙会活动现场发放，向游人介绍北京市的文化与旅游资源，积极推介“北京冬奥会”。

“北京是赫尔辛基的友好城市，芬兰人把中国人民当作朋友；中国春节庆祝活动越办越红火，如今已成为赫尔辛基冬季不可或缺的节日。与中国人一道迎接中国春节，已经成为赫尔辛基市民生活中的一部分，为这里寒冷的冬季带来了生机和温暖。”现任赫尔辛基市市长扬·瓦帕沃里的一席话，道出了这项活动对赫尔辛基当地民众不同寻常的意义。

所见即所得："金牌导游"眼中的文旅融合

受访者：窦俊杰
北京赫默科技有限公司首席营销官

2020年芬兰"欢乐春节"文化庙会活动，除了精彩的文艺演出、非遗展示等文艺视觉盛宴外，精心策划的文化讲座和旅游推介，也是此次活动的亮点。

其实，在芬兰"欢乐春节"文化庙会活动中加入旅游内容是从2018年开始的。而2020年的旅游推介准备得更充分、内容更生动、活动推介更深入，实现了线上和线下联动的机制。而在这背后，离不开一位名叫窦俊杰的"金牌导游"。

2019年12月底的一天，窦俊杰接到了北京市海外文化交流中心的邀请，于2020年年初出访芬兰，参加当地举办的"欢乐春节"文化庙会活动，并在活动上做北京旅游推介。

能获此邀请，跟窦俊杰的身份密不可分。他拥有文化和旅游部授予的"金牌导游"称号和国家高级英文导游的资质。"很少有人能同时具备这两种行业资质，全北京地区不超过30人！"说起这个，窦俊杰毫不掩饰内心的自豪和骄傲。

窦俊杰所在的公司是一家深耕入境游的创业型公司，他是该公司的合伙人及营销官。公司成立以来，一直在实践"所见即所得"的目的地旅游营销模式。"以往，咱们目的地营销的痛点是：营销和旅行社各自运行，没有打通。每年，我都会花很多钱在海外做大量宣传，却和旅行社承接割裂开来，这种投入转化率是多少？没有数据能体现。打通营销和落地转化，建立闭环，是我们的目标。"

据他介绍，目前公司已建立了7种语言的网站，运营的海外社交媒体账号上已积累了数百万粉丝，构建了包含2,000多个旅游品类的产品体系。通过海外社交媒体的跨文化传播，把人群引流到其多语种官网上，再通过线上浏览行为，精准捕捉并对接需求，促成落地转化，最终实现营销闭环。

窦俊杰对此次芬兰“欢乐春节”文化庙会活动加入旅游推介环节表示非常兴奋，认为这恰恰是“所见即所得”的理念的体现。“文化打头阵，旅游做承接，二者无缝连接，是诗与远方的完美结合！”

事实上，这也是主办方邀请他做北京旅游推介的目的所在：创造更多的机会和渠道，让喜爱中国文化的芬兰民众，走进中国、深入体验中国文化。

经过不到一个月的时间，窦俊杰和他的同事们一起做前期策划和准备，很快就确定了4个推介主题：故宫600年、做一天北京人、触动非遗之脉、拥抱北京冬奥会。

2020年恰逢紫禁城建成600周年，这是历史性的大事件，也是北京旅游的年度大事件。“本来我们计划邀请参加故宫行的外籍游客参与故宫600周年祝福视频录制，每人用自己国家的语言说一句‘故宫，生日快乐’，然后混剪成一段视频，在我们的官网和境外自媒体账号上发布。可惜，因为疫情，这个创意最终没能实现。”窦俊杰说。

“欢乐春节”活动现场的北京民俗文化讲座

窦俊杰在做旅游推介（2020年）

至于第二主题——做一天北京人，则是该公司结合多年入境游接待经验，针对外籍游客的兴趣专门设计的一款体验当地民情的产品，颇受老外喜爱。“早上和游客们约在天坛见，先学习打太极拳。等快到中午了，就带游客去北京的菜市场买面条，教他们做炸酱面。吃完面条后，下午安排了书法老师教写汉字，然后品茶，尝尝咱北京的茉莉花茶，下午5点多钟，再带着游客包饺子，晚餐就是二锅头就饺子，那真是越喝越有！”

旅游推介，非遗展示必不可少。据窦俊杰介绍，目前公司与20多位非遗传承人合作，包括泥人面塑、书法、剪纸等。“我们带了两位非遗老师，一位是金石篆刻的传承人，一位是做兔爷的。”

最后一个主题和北京冬奥会相关。“2022年北京冬奥会是北京和中国的一个大事件，而芬兰也是一个冰雪国家，所以北京冬奥会毫无疑问成为这次北京旅游推介会的重点之一。”

推介首站是爱沙尼亚。面对的大多是旅游行业的专业观众，“他们更关注商业模式和合作方式的问题”。但这对于有着几年创业经验的窦俊杰来说，他驾轻就熟。不过，首次亮相他还是发现了可以优化的地方。

北京市文化和旅游局带队领导在推介会结束后，向窦俊杰提出了内容优化的建议：增加北京大兴国际机场和环球影城两个推介点。“新建的北京大兴国际机场是未来入境游的主要枢纽，而北京环球影城作为北京市行政副中心运营的重大文旅项目，都是值得向境外游客推介的。我连夜加班制作，把这两个项目放了进去。”

紧接着就是此行最重要的一站——芬兰赫尔辛基。窦俊杰清楚地记得芬兰站的情形，“我既是旅游推介人，又兼义务宣传员、现场翻译、VR工作人员，真是身兼多职，忙到飞起”。

因为事前做了充分准备，还有前站爱沙尼亚的经验打底，加之英语熟练又有丰富的外籍游客接待经验，整场推介活动进行得相当顺利。但窦俊杰还是感受到了一些差异。在日常接待外籍游客游北京时，身处景点之内，此情此景容易激发游客的好奇心，各种细节问题很多，文化的介绍就在这一问一答中自然地完成了。“而在推介会上，大家都是在听我一个人说，没有互动，很有挑战性，需要始终保持思路清晰，尤其是每个篇章之间的切换一定要有逻辑性。”

旅游推介会上的VR体验（2020年）

为了增加观众的感官体验，窦俊杰和同事还带来了4副VR眼镜，用沉浸式的画面展现故宫、长城、颐和园、雍和宫、天坛等旅游景点，不仅让观众能听到，还能亲眼领略古都北京的风姿，用沉浸式的画面触发他们更大的兴趣。

果然，现场观众十分踊跃，排队观看。有一位坐在轮椅上的芬兰老人让窦俊杰记忆深刻，他不仅全程仔细听完推介，还耐心地排队观看VR，“他看完后很激动，流着泪对我说，很遗憾自己身体情况不允许去中国实地看一看，能这么身临其境地感受一番，也是终生难忘”。窦俊杰回忆说，由于当天的推介太受欢迎，虽然场地使用时间已经到了，但依然有很多观众在排队等着观看VR，图书馆方面也相当体谅，又宽限了2个小时。“效果非常好，我们在事先策划中准备的这些‘小设计’，达到了预想的效果！”

除了VR眼镜，还有一个秘密武器，那就是抵扣券。据窦俊杰介绍，此次在芬兰、爱沙尼亚的推介活动中，他们准备了10万欧元的旅游抵扣券在现场发放，“你推广得再好，人家被吸引想亲眼去看看，但如果没有渠道转化，也就无法实现‘所见即所得’”。

“所见即所得”，贯穿在整个旅游推介活动中。在非遗展示时，出神入化的书法技艺和寥寥几笔就能勾勒出一个生动的兔爷形象，非遗传承人用自己的技艺牢牢吸引住了现场观众。为了满足他们的心理期待，窦俊杰和同事很周全地提供了非遗传承人的在线链接。“芬兰观众问，以后到哪里可以找到你们啊，这时候我们就把两位非遗传承人的联系方式提供给他们，最大限度地满足观众的需求，以提供最好的体验，将文旅融合落实到细节上。”

独具匠心的推介活动收到了实效。爱沙尼亚站之后，公司接到了4、5个旅行团的地接订单；在芬兰站之后，窦俊杰所在公司的网站，来自北欧地区的访问量提升了30%。“接单量、访问量、抵扣券回收等，都可以作为推广效果评估的重要依据，而来自旅游方面的收益，又能更好地进行文化的推广。”

尽管后续的旅游订单由于疫情原因被延期或耽搁，未能实现完美闭环，但文化推广和旅游已经在芬兰和爱沙尼亚“欢乐春节”文化庙会活动上得到了最大限度的结合，“可以说成功打造了文旅融合的芬兰样本”。

第四篇章　融合

夯实人文交往，加强民心相通

芬兰“欢乐春节”文化庙会活动在举办之初，由北京市主导并自主策划活动内容，历经两年实践探索，两市商定自2009年开始，由两市共同策划、出资，并以赫尔辛基市为主导举办活动。

赫尔辛基市政府将该项目定位为“民生事项”，划拨黄金地段，配备安保、交通、救援、演出、媒体直播等各方力量。除了赫尔辛基市政府资助外，还通过摊位出租、吸引赞助来解决经费问题，确保活动能长期举办。此外，在赫尔辛基市文化局（现赫尔辛基文化和休闲部）的主导下，还专门成立了芬兰“欢乐春节”文化庙会活动官方网站，于活动开始前两个月启动宣传和推广工作。

从“请办”到“要办”，芬兰“欢乐春节”文化庙会活动实现了一次跨越，同时与赫尔辛基当地发展融合，夯实人文交往，加强民心相通，助力当地开展宽领域、多层次、机制化的对外交流合作，进一步推动实现该活动的本土化、品牌化、市场化。

“你好，赫尔辛基！”落地北京

受访者：秦晓云

北京市海外文化交流中心项目负责人

2016年“你好，赫尔辛基！”北京周文化交流活动项目负责人秦晓云（中）

芬兰“欢乐春节”文化庙会活动历经15载，从单向的中国文化展示活动，逐渐发展为双向的两国民间互动、文化交融、文旅互融的平台。2016年5月13日，在北京西单文化广场举办的“你好，赫尔辛基！”文化交流活动，便是一个生动的例子。

据北京市海外文化交流中心项目负责人秦晓云介绍，当时的活动同步设置了主会场和分会场。作为主会场，西单文化广场上的活动分为舞台表演、魔盒体验区和儿童活动区3个部分，活动内容覆盖音乐、舞蹈、儿童剧、时装设计和旅游等多个领域。

其中，舞台表演包括芬兰室内乐团奥凡体、芬兰武圣京剧团、泰罗·沙里宁现代舞团、纯人声合唱乐团“皇者之声”、芬兰授权中国儿童艺术剧院表演儿童剧《姆咪在国王谷》等；魔盒体验区分别围绕芬兰四季、桑拿屋、文化节日、环保理念、旅游和城市推介以及圣诞老人文化等若干个主题展开；儿童活动区主要包括涂鸦墙绘画、与“姆咪”卡通人偶互动以及“姆咪”主题故事3个组成部分。

“你好，赫尔辛基！”活动分会场于5月14日在北京其他三地同时开启：来自芬兰的手风琴大师齐摩·波宏那在中山公园音乐堂举办个人专场演出；芬兰现代舞舞蹈家伊玛·易多兹在朝阳文化馆与北京舞者进行了长达3个小时的舞蹈艺术交流；芬兰阿尔托大学的服装设计师带来了10个系列作品在北京服装学院创新园1号秀场展出。

“你好，赫尔辛基！”文化交流活动是北京和赫尔辛基两市长达十年友好城市关系的又一个新的文化成果，是赫尔辛基市文化局（现赫尔辛基市文化和休闲部）以芬兰“欢乐春节”文化庙会活动为蓝本，专门策划的文化交流活动，也是对北京市民的一次“文化回礼”。 赫尔辛基市前市长尤西·帕尤宁也到场参加了活动。他表示：“赫尔辛基和北京两座城市之间的紧密合作，特别是在文化领域的合作，让我们得以将西单文化广场作为我们活动的主会场。我希望赫尔辛基能够利用这个独特的机会进入北京核心地区，并走进市民的心里。”

赫尔辛基市文化局格外重视这次活动，进行了长达一年的准备工作，整体活动除了舞台表演外，还突出了芬兰首都赫尔辛基市鲜明的城市特色，以促进芬兰旅游业。为此，赫尔辛基市文化局还专门聘请了艺术家并成立了一个设计团队，以“城市旅游”为主题，为活动注入“魔盒”概念元素。

儿童活动区，不仅宣传了芬兰儿童教育理念，同时也宣传了芬兰经典儿童剧中“姆咪”这一卡通形象。活动现场，孩子们可以体验涂鸦墙绘画、与“姆咪”人偶互动和聆听“姆咪”故事，让孩子及家长全方位参与体验并对芬兰文化留下了深刻印象。

“你好，赫尔辛基！”活动是在赫尔辛基市文化局精心酝酿、多方借力的情况下策划而成的，体现了芬兰举办对外文化交流活动的专业性和综合能力，为今后开展友好城市文化互访活动提供了借鉴和宝贵的经验。此外，活动加深了赫尔辛基与北京之间的友谊，也让北京市民对芬兰赫尔辛基有了更加立体的认识。

走出去，引进来，有来有往，互惠互利，建立文化互访机制，以文化促进多领域合作。正如时任北京市副市长王宁在活动致辞中所说，芬兰是世界冰雪运动强国，特别是越野滑雪和冰球项目处于全球领先水平，北京愿与赫尔辛基在冰雪运动推广、场馆建设管理和运动员培养等方面合作。同时，也希望两市持续深化经济、贸易、文化、教育、旅游和创新创业等领域的交流，不断拓展和深化友好城市合作的范围和层次。

“你好，赫尔辛基！”的幕后

受访者：叶妮·裴撒（Jenni Peisa）
赫尔辛基市文化和休闲部文化办公室文化项目制作人

手风琴大师齐摩·波宏那的独奏，带领观众感受鲜明的北欧风情；来自芬兰武圣京剧团的艺术家，带来中国传统的京剧表演；芬兰阿尔托大学与北京服装学院携手举办芬兰时装秀；一间间小房子组成的“魔盒”分别展示芬兰的四季景象、桑拿屋、文化节日、环保理念、旅游等若干主题；孩子们在涂鸦墙上自由绘画，与圣诞老人、卡通人偶“姆咪”互动……

2016年5月13日至15日，“你好，赫尔辛基！”文化交流活动在北京成功举行，这场旨在全方位展示赫尔辛基文化、艺术、商业等领域风貌的活动，是当时在中国举办的规模最大的芬兰文化展示活动之一。当时在赫尔辛基市凯撒国际文化中心工作的叶妮·裴撒，全程参与了这次活动的筹办工作。

“赫尔辛基和北京在2006年缔结成为友好城市，当时在协议中就曾提到双方要进行文化交流。当时，赫尔辛基已经连续10年举办了中国春节活动，本着有来有往的原则，同时也是向赫尔辛基与北京结为友好城市10周年献礼，我们选择在2016年来到北京，举办‘你好，赫尔辛基！’活动。”叶妮说。

来到北京做活动，赫尔辛基方面其实在数年前就已经提上了议事日程。“因为搞活动太花钱了，所以我们一直在讨论举办活动的可行性和必要性。”叶妮坦言。最后得出的结论是，这次活动需要由赫尔辛基的文化、交通、旅游、商务等相关部门通力合作，一起完成。

关于活动成效，赫尔辛基方面希望能够获得多方面的效益，比如在媒体宣传上达到较好的效果，能够有利于芬兰企业在华的发展，并向中国民众全方位展示芬兰的文化艺术等。“而且，我们是在另一个国家、另一座城市举行活动，这中间存在各种风险和不可控因素，我们对中国和北京的法律法规也不是很熟悉，所以我们必须依赖北京方面的配合，以及其合作伙伴的大力支持。”叶妮说。

当确定举行“你好，赫尔辛基！”活动后，叶妮和同事们迅速成立了活动团队：核心团队来自赫尔辛基市政府的文化、旅游、商业等部门，他们是整个活动的决策方；另一个就是由几位芬兰艺术家带领的活动策划组，负责活动的具体创意设计。

能够代表芬兰文化特色的元素有很多，哪些内容应该带来北京展示，这是策划活动时一个令人头疼的问题。叶妮回忆说，当时大家在讨论时比较看重综合性，希望将能够代表芬兰的各种元素融合在一起，创造出一个整体的形象。此外，在选择展示内容时还要多替合作方考虑，要知晓他们通过此次活动能够得到的实效。“我们会考虑哪些合作伙伴对中国感兴趣、与中国的合作比较多，或者什么样的内容中国观众会喜欢……”

为了精准找到合作伙伴，“你好，赫尔辛基！”团队首先对赫尔辛基的一些企业和机构进行了问卷调查，告知他们将要在北京举行这样一场活动，询问他们是否感兴趣。通过调查找到的合作伙伴，有的对中国非常感兴趣，有的已经在中国开展了业务，“你好，赫尔辛基！”活动将会帮助它们在中国有更好的发展。

在活动的呈现形式上，活动策划组的两位艺术家——埃里克·瑟德尔布罗姆先生（Erik Söderblom）和凯撒·萨尔米女士（Kaisa Salmi）充分展示了他们的才华。埃里克主要负责舞台节目编排，凯撒主要负责视觉元素设计。

用“魔盒”分别展示不同主题的芬兰特色，就是凯撒想出来的主意。“你好，赫尔辛基！”活动的主场地西单文化广场，是北京市中心最繁华、最热闹的地标之一，为了避免过多人员聚集引发不安全因素，团队在设计活动时希望能让到场的观众四处走动，而不是只集中在某一个点位上。因此，凯撒提出“魔盒”的设计，每个“魔盒”中都有一些能够代表芬兰特色的展示内容，比如芬兰四季景象、芬兰桑拿屋、圣诞老人等，观众可自由走进不同的“魔盒”，感受别样的芬兰文化风情。“一开始凯撒还设计了很多类似‘塔’的装置，艺术家们可以站在‘塔’上表演或者说话。”叶妮说。

在设计“魔盒”里的内容时，充满各种奇思妙想的凯撒甚至还想收集芬兰的落叶，然后把它们带到北京，向中国观众展示芬兰的秋季。“这样问题就来了。怎么保存这些落叶呢？把它们冻起来？还是把它们晒干？可是如果叶子被晒干了，就容易碎，那还怎么带到中国来？”叶妮笑言，在现实的阻力下，凯撒不得不放弃这个“疯狂”的创意，但她无限的想象力确实让活动趣味盎然。

在与凯撒这样的艺术家合作时，“你好，赫尔辛基！”活动主办方的态度是民主开放的。“官僚主义不是我们的作风，如果我们聘请了谁担任艺术总监，那么我们就会充分信任他。遇到不同意见时，我们也只会对此进行讨论。”比如，一开始有人提出，邀请一位在芬兰很受年轻人喜爱的偶像来中国表演，但大家经过讨论最后决定放弃这个想法，一是这位偶像虽然在芬兰很有名，但在中国未必受欢迎；二是他出场费太高，而且未来也不一定会和中国有更多交集，所以他参加这次活动没有什么价值。

在“你好，赫尔辛基！”中亮相的表演者，既有能代表芬兰顶尖水准的“国宝级”艺术家，比如手风琴大师齐摩·波宏那、现代舞舞蹈家伊玛·易多兹，也有在中国观众中拥有一定知名度的芬兰艺术家，比如“皇者之声”。这次活动不仅让他们有机会向中国观众展示自己的高超技艺，而且扩大了他们在中国的知名度，推动了他们此后与中国进行更多的合作。

“你好，赫尔辛基！”文化交流活动的成功举办，不仅在传播上取得了良好效果，促进了艺术家之间的合作，更重要的是，它向中国民众展示了芬兰在文化、旅游、教育、商业、艺术等方方面面的特色风貌与发展成就。叶妮说，她不知道这次活动举行后前往芬兰的中国游客数量增加了多少，但活动举行期间，百度搜索引擎中“赫尔辛基”一词的搜索量创下了历史最高值，“这就足以证明这次活动取得了巨大成功”。

“龙狮”文化走进异国他乡

受访者：孙晓伟

北京顺元祥艺术团负责人

随着锣鼓声响，两条18米长的“中国龙”、两对独具气韵的“中国狮”，在赫尔辛基市参议院广场、最繁华的曼奈海姆大街和亚历山大大街舞动起来，人潮涌动、人声鼎沸、一路追随、蔚为壮观……

首届芬兰“欢乐春节”文化庙会活动的热闹场面（2007年）

这是2007年在赫尔辛基举行的首届芬兰“欢乐春节”文化庙会活动的盛况，可谓是龙飞狮跃大显风采。在这背后，是一支优秀的团队——北京平谷精华舞狮表演队。作为中国传统文化的弘扬使者，他们向芬兰和世界展示了中华文化的形象、民俗文化的精髓。

龙狮表演幕后还有一个人不得不提，那就是“中国龙王”王玉玺，首届“欢乐春节”文化庙会活动中所用的金龙，便是他主创并设计的。

中国杂技家协会会员、北京舞蹈家协会会员、中国国际龙文化研究促进会会长、龙狮竞赛国际级教练和国际级裁判、首届全国狮舞艺术大赛的总体设计者……王玉玺的头衔很多，但似乎不及“中国龙王”“中国狮王”之响亮。这两个称号，反映了他在中国龙狮舞艺术领域中研究、发展、创新的艺术成就。

活动结束后，中国驻芬兰大使马克卿代表北京向赫尔辛基赠送了两条龙和两对狮，成为北京、赫尔辛基友城之谊的美好见证。

事实上，除了赠送龙狮道具，“欢乐春节”文化庙会活动还推动了中国龙狮舞艺术在海外的普及，比如，派出专业舞龙舞狮教练，对当地志愿者进行培训，并组建市民舞龙队伍。

2011年，北京市文化局（现北京市文化和旅游局）委派王玉玺前往芬兰南部邻国爱沙尼亚，在其首都塔林市开展为期12天的“中国龙舞艺术”讲学、辅导和演出，这次出访受到塔林学员们的热烈欢迎。王玉玺激动地描述道：“看着自己亲自培训的16位美丽的爱沙尼亚小伙和姑娘舞动着金色蛟龙，惊艳亮相于塔林市中心的自由广场（Freedom Square），我无比自豪，当时热烈而喜悦的场面依旧历历在目。”

如今，王玉玺已经退休，接过衣钵的是他的徒弟孙红源，以及徒孙孙晓伟。孙红源，北京顺元祥艺术团的创始人。1985年，孙红源师从王玉玺开始习武，并参加各种演出。因家传武术的传统，其子孙晓伟自幼习武，从青少年时期便随父亲到全国各地以及海外参加舞龙、舞狮艺术表演和培训，积累了丰富的实践经验。

2017年秋，赫尔辛基市文化局（现赫尔辛基市文化和休闲部）“欢乐春节”文化庙会活动项目负责人来京，同中方相关人员共商2018年活动方案，同时提出需要一名专业的舞狮教练。

孙晓伟无疑是最合适的人选。2018年1月1日，他抵达赫尔辛基市，开启了为期10天的舞狮教学和培训计划。

舞龙舞狮学员们上课训练时的情景（2018年）

第一天上课，孙晓伟在工作人员的指引下，来到芬兰武术协会B1层的一个舞蹈教室。简单的自我介绍和问好后，他展示了几招中国武术的绝活儿把式，瞬间引起了学员们的兴趣。

“赴海外培训舞狮，文化知识普及是很重要的。”孙晓伟给大家讲起中国舞狮的起源，谈到了“北狮”动作的凶猛夸张与惟妙惟肖、“南狮”的猫态灵动与一板一眼。他还讲解了“北狮”中一些比较常见的表演方式，比如“雌雄成对”“小狮戏大狮”“大狮弄儿”等。

“当我向学员们介绍舞狮配乐中的京钹、京锣和京鼓时，我发现他们已经很熟悉了。芬兰人的艺术素养之高、对中国文化的了解程度之深，让我感到惊讶！”孙晓伟说。

据他介绍，芬兰武术协会挑选的这些学员，最小的16岁，最大的40岁，都来自各行各业，包括学生、志愿者、上班族等。他们之前已经进行了学习和培训，具备一定的武术基础。

参加培训的学员们合影（2018年）

“芬兰人上课特别认真。他们都是边听边模仿动作，手里还一直拿着小本子和铅笔，用画图的方式记录动作要领。”孙晓伟说：“芬兰人亲近自然、敬畏自然、热爱动物。因此，威猛的舞狮在芬兰人眼里变成了可以驱赶年兽的可爱可敬的朋友。他们在训练过程中充满了对舞狮的爱。”

在他看来，芬兰人对中国舞狮文化的再理解和再创造，是中芬文化深度融合、交流的具体表现。“芬兰人在基础教育阶段就十分注重创造性，因此，他们在舞狮课堂上充满了想象力和求知欲，他们想尽可能多而全面地掌握要领。”

在为期10天的培训中，学员们完全掌握了动作要领，孙晓伟为他们一一颁发了“毕业腰带”。自2018年起，芬兰本土的舞龙、舞狮表演每年都会亮相“欢乐春节”文化庙会活动中。在龙腾狮舞之中，一幅充满动感和活力的多维文化互动图景日渐清晰；在龙腾狮舞之中，中华民族凝重深厚的文化底蕴，长盛不衰……

托起中国龙狮的芬兰人

受访者：尤里·萨克斯多夫（Jyri Sucksdorf）
芬兰武术协会主席

每一年的芬兰“欢乐春节”文化庙会活动都会有这样的场景：冬季赫尔辛基的大街上，随着急促的鼓点声，7人舞动着一条红色中国龙，辗转腾挪、盘旋飞升；10人装扮成的黄、绿、蓝、紫、白5只狮子，摇头摆尾、欢腾雀跃。龙狮队伍一路表演不停，当地民众一路驻足观赏，大人们用相机记录下这一美妙时刻，孩子们则学着用简单的中国话向来自东方的神奇“动物”打招呼……

这一幕并不是中国人越洋前来进行的文化交流，也不是当地华人继承发扬祖辈传统。仔细观察那些高擎舞龙杆和披挂彩狮装的人，你会发现，他们竟然是土生土长的芬兰人。

舞龙舞狮队伍中的芬兰人

高擎舞龙杆的芬兰人

由土生土长的芬兰人组成的舞龙舞狮队

在赫尔辛基有这样一群人：他们虽然不是中国人，但是钟爱中国文化；他们虽然来自不同的行业，但是痴迷于同一种东方技艺；他们的表演虽然不够专业，但是用自己特有的方式加深观众对中国文化的理解。15年前，赫尔辛基市凯撒国际文化中心的一封招募邮件让他们聚集在一起，一支完全由芬兰人组成、面向芬兰人表演的舞龙舞狮队由此诞生。15年中，他们不断亮相各类艺术节，参加每一年的“欢乐春节”文化庙会活动。担任教练的是芬兰武术协会主席尤里·萨克斯多夫，他对队员们的表演充满信心。“观众每年对我们都充满期待。每一次我们都能点燃全场的热情，不论是龙还是狮，队员们都表演得活灵活现，观众也非常享受这个过程。”

这种自信源自对中国文化的情有独钟以及为此付出的辛勤努力。队伍组建伊始，这些喜爱武术和京剧的芬兰青年男女，就怀着对中国文化的热爱加入进来。“大部分队员都有武术背景，分别来自芬兰当地的两个武术协会，还有一些是喜欢唱中国戏曲的年轻人。”据尤里·萨克斯多夫介绍，最初加入的队员年龄大都在20岁至25岁之间，这么多年坚持下来，队员平均年龄已经接近40岁了。

舞龙舞狮非一日之功，需要常年坚持练习。武术步法、棍术，这些舞龙舞狮所需的基本功，是队员们多年来每周必备的训练项目。“每周我们至少训练一次，队员们的武术功底对舞龙舞狮还是有很大帮助的，比如武术的步伐就类似于舞龙舞狮里的基础性动作，还有舞龙时撑起龙形的棍术，也需要反复演练。”

当然，学习一种异域表演形式，难度也是很大的。对这些芬兰人来说，掌握舞狮舞龙中的跳跃动作是最难的地方。“尤其是舞狮，两个狮子在一起来回跳跃，有时候，一个人要把另外一个人扛在肩膀上进行表演，这对我们来说挑战不小，只能通过不断的训练来完成。”尤里·萨克斯多夫说，自己作为领头人，会对队员们比较严格，“会限定他们在规定时间内攻克某个很难的动作，只有这样才能确保训练的高效”。

玩转高难度舞狮动作的队员们在每次演出前还要进行高强度的集训，尤其是为了“欢乐春节”文化庙会活动所进行的集训，每年都需要提前两到三个月。作为“龙头”，尤里·萨克斯多夫更是辛苦，不仅要策划活动、编舞，还要参与到表演中，舞动真正的龙头，甚至被家人质疑是否过于沉迷这项爱好了。尤里·萨克斯多夫认为，通过训练和表演，经历了很多让他感动、记忆深刻的瞬间，也获得了很多乐趣。

中国舞龙舞狮的专业教练曾多次来到芬兰对这支队伍进行技术指导，但是队员们认为这还远远不够。到舞龙舞狮的故乡——中国去学习，是尤里·萨克斯多夫和其他队员的梦想，“这样就能更深刻地理解舞龙舞狮的技巧和它背后的文化”。

玩转高难度舞狮动作的芬兰人

舞台上认真表演的芬兰舞龙队员们（2018年）

当然，以观众为核心的表演艺术，还要充分考虑观众的接受度。舞龙舞狮作为中国节庆活动中的传统项目，中国人司空见惯，但芬兰人未必能够全部接受，因此，创新就成为芬兰舞龙舞狮队不断追求完美的一项重要任务。

首先，中国的锣鼓钹配乐营造的喧嚣气氛，并不完全符合芬兰人的审美习惯。尤里·萨克斯多夫就起用当地的乐师，鼓励乐师进行音乐创作。在符合舞龙舞狮表演形式的基础上，融合芬兰的音乐元素，创作出易被芬兰观众接受的配乐。在表演方面，尤里·萨克斯多夫不拘泥于已有的动作，鼓励队员进行创新，比如狮子抛球接球的动作他们就做了一些改动，“我们的最终目的就是希望人们喜欢我们的表演”。

他甚至考虑在未来增加更贴近芬兰本土的道具元素。威武的龙和奋进的狮，在中国象征着风调雨顺、国泰民安，但不易被芬兰人理解。因此，尤里·萨克斯多夫大胆设想：尝试将表演道具换成芬兰人熟知的动物。“也许我们可以穿上像熊和狐狸这样芬兰本土动物的服装，动作依然沿用舞龙舞狮的基本动作，这样可能会更有亲近感，也能扩大我们的表演场景，不仅是在涉及中国文化的场合里表演。”

经过十几年的努力和坚持，这支芬兰本土的舞龙舞狮队，让中国传统的舞龙舞狮技艺被更多的芬兰人所接受。尤里·萨克斯多夫说：“每年我们都会看到数以万计的观众，其中包括很多小朋友，他们非常喜欢我们的表演。”他们的影响甚至超过了当地华人华侨组织的舞龙舞狮队。有时候尤里·萨克斯多夫还会去给当地华人舞龙舞狮队做一些指导和编舞工作。

在这么多年参加芬兰“欢乐春节”文化庙会活动的过程中，尤里·萨克斯多夫记忆最深的是第12届活动，“在中国的春节文化中，12年是一个轮回，所有的生肖都经历了一遍，所以那一年我们的庆祝活动特别隆重”。他记得那一年舞龙舞狮换了新的表演场地，表演空间更大，表演人数也是最多的，甚至还有从别的城市过来的武术爱好者参与其中。对一门异域表演艺术痴迷这么多年，他在其中感受到了太多快乐，珍藏了太多美好瞬间，也找到了自我价值。“通过我们的舞龙舞狮，我发现芬兰观众对中国的传统表演艺术有了更深的理解。”

哈雅：一支当红乐团掀起的热潮

受访者：

黛青塔娜　哈雅乐团主唱

底天尧　　北京市海外文化交流中心项目负责人

哈雅乐团主唱黛青塔娜

2020年的夏天，哈雅乐团因为《乐队的夏天》第二季被外界熟知。看到心仪的乐队破界出圈，北京市海外文化交流中心项目负责人底天尧异常兴奋，自己喜爱的宝藏乐队终于被人认可，心里满满的欣慰。

2020年年初，当他带领哈雅乐团远赴芬兰参加“欢乐春节”文化庙会活动时，这支乐队还极为小众，然而却出人意料地受到了芬兰当地年轻人的狂热追捧。回忆起演出盛况，他依然难掩兴奋和激动之情。

演出现场的盛况（2020年）

演出场地是在赫尔辛基颂歌中央图书馆，当天哈雅乐团有30–45分钟的演出时间，相当于一场演唱4到5首歌曲的小型音乐会。很多年轻人专门来看乐队演出，这是以前从来没有出现过的情景。“以往，来参加活动的都是以家庭为单位，不少芬兰人都是带着孩子全家出动。到哈雅乐团演出的时候，舞台下围满了芬兰年轻人，他们装扮都很时尚，梳着脏辫，风格前卫。”底天尧说。

演出期间，乐队成员会和台下进行互动。这些年轻人随着乐队的音乐唱歌跳舞，或是在乐手演奏到高潮部分时疯狂欢呼。底天尧对这种热烈的现场氛围感到惊讶。他是一个酷爱乐队的中国年轻人，大学期间也自组过乐队四处演出，甚至还去过芬兰表演。他预想到哈雅乐团会给观众带来新鲜感，引起人们的好奇，但他完全没有预料到会这么受欢迎。

哈雅乐团演出现场

“我事后也琢磨过哈雅乐团如此受欢迎的原因，这跟芬兰主办方的预热宣传有很大关系。”他介绍说，主办方提前在活动官网和Facebook（脸书）上进行了活动的介绍和宣传，很多芬兰年轻人看到这些宣传，特意赶来现场观看中国乐队的表演。

这次演出，也让哈雅乐团主唱黛青塔娜感到兴奋。“之前的海外文化交流活动很少邀请乐队，因为考虑的因素有很多，比如，一是需要携带很多乐器，二是因为乐队调音也相对比较复杂。2020年的‘欢乐春节’文化庙会活动能邀请我们演出，我们特别高兴。”

哈雅乐团成立至今已经15年了，音乐风格不仅继承了蒙古族传统民乐的精髓，更融合了哈萨克族及藏族民乐的元素，搭配现代电声音乐的器乐编排与节拍类型。用黛青塔娜的话说，哈雅做的是世界音乐，它的特点就是融合。“我们的文化背景是蒙古民族音乐，但在我们自己的音乐生涯里，我们看到了各种各样优秀的民族音乐，几乎每个民族都有自己独一无二的音乐文化。我们就想做一种融合性的音乐，既有本土的不可替代的特点，又带有一种全世界的共性。”

乐团除了参与在爱沙尼亚塔林、芬兰赫尔辛基的两场交流活动，还在两地举办了专场演出。

黛青塔娜发现两地观众有很多差异。“我们在爱沙尼亚专场演出的时候，气氛特别好，但是观众特别冷静，然后我就想是不是因为他们听不懂我们的音乐？还是因为我们那天的演出状态不好？等我们演出结束后，有观众就上来跟我们道歉，说爱沙尼亚人就是这样的，总是很冷静，羞于释放自己的情绪，其实我们的音乐特别好。”

等到了芬兰赫尔辛基就完全不一样了。黛青塔娜记得，最后一场演出是在市中心的水晶宫广场上，那天晚上的气氛特别好。“我们表演结束后，观众都跑过来找我们，跟我们聊天，然后还给我们送来吃的喝的。他们就觉得看了这么多年关于中国春节的活动，第一次看到有我们这样的乐队登台表演，第一次听到中国乐队的音乐，他们觉得我们的音乐棒极了。”

事实确实如此，来自赫尔辛基的现场观众安迪说：“我今天是专门为哈雅乐团来的，我参加了许多届中国春节活动，很兴奋今年能够欣赏来自北京乐队的原创音乐，我们也通过他们的表演了解到了多民族、多种类、现代化的中国文化，感觉很奇妙。”

此行让黛青塔娜倍感兴奋，同时也产生了一些思考。在她看来，早年间中外文化交流活动，为异国观众展现更多的是京剧、民乐之类的艺术形式。“这种国粹的内容，它们的内核特别好，对于传播中国传统文化来说特别重要。但我觉得随着时代的演进和变化，我们是否可以再去挖掘一些中国当代的艺术文化？就是时代浪尖上的艺术文化，比如说现代舞，我觉得中国有特别棒的现代舞，或者尝试像我们这样的音乐风格，也会让人眼前一亮。”她认为，“欢乐春节”文化庙会活动在展现传统艺术的同时，也可以融入中国当代艺术元素。融合，才更有共鸣。

哈雅乐团被芬兰年轻人接受，这让底天尧及其同事们更加意识到，多元化文化展示的重要性。

“我看哈雅乐团的演出很激动，也比较推崇这种现代艺术形式，我觉得未来发展空间还是很大的，首先它是世界音乐，另外它是一种国际语言，可以走进观众的内心世界。”在他看来，哈雅乐团的音乐风格，属于世界音乐，受众基础广泛，被全球乐迷尤其是年轻人所喜爱和接受。“他们让中国文化在西方人脑海里不再只是很传统的那种印象，也让北欧人看到了当下中国年轻人喜欢的音乐，展示了中国流行音乐的发展水平。哈雅乐团试水成功也带给我们很大的鼓舞，以后会不断尝试，向芬兰推荐这样的节目。”

15年来，芬兰“欢乐春节”文化庙会活动的节目甄选标准，在不断变化中又坚守一个恒定的内核，那就是有北京风韵、中国特色、东方风情，这些元素叠加起来，就汇聚成浓郁的中国文化味道。哈雅乐团的加入，就是创新突破的结果，他们所代表的，正是一种中西方文化融合之美。

后 记

历久弥新的友城情谊迎来新篇章

孙 波 北京市海外文化交流中心主任

北京市海外文化交流中心主任孙波（右二）
在芬兰“欢乐春节”文化庙会活动现场（2015年）

2021年是北京市在芬兰首都赫尔辛基市举办“欢乐春节”文化庙会活动的第15年。为了更好地回顾双方走过的辉煌历程，我们从2020年开始着手本书的撰写和前期采访、约稿等工作。2020年，新冠疫情在全球蔓延，虽然不能像过去十几年一样与芬兰的老朋友相聚，但我们通过互联网在线上彼此问候，一起重温过去，展望未来。我们共采访和邀约了20余位来自北京和赫尔辛基的主要参与者，他们来自社会各界，有政府官员、参与过演出活动的导演、艺术家代表，还有青少年志愿者等。一篇篇文稿在一位位受访者的回忆和口述中逐渐清晰，这个过程是愉快、充实而难忘的。

自改革开放以来，我国在经济、政治、文化、外交等各领域取得了令世人瞩目的成就，经济的高速发展、综合国力的提升，助力了文化传播力的增强。世界各地华人华侨纷纷举办春节活动，各驻外使领馆向外交部、文化部（现为文化和旅游部）表示，希望国内派出专业团队参与春节活动。自1998年以来，中央和各级地方政府、驻外使馆开始在世界各地举办春节庆祝活动。2009年，在海外举办的春节庆祝活动被正式命名为“欢乐春节”。2010年，首届“欢乐春节”系列活动在五大洲42个国家和地区开展了65场文化活动；2019年，“欢乐春节”系列活动已经遍及全球133个国家和地区的396座城市，活动场次达1,500场。

芬兰“欢乐春节”文化庙会活动现场

中国风格的庙会入口

烟花表演点燃节日的气氛

北京市一直积极参与在海外举办的春节庆祝活动，尤其是芬兰赫尔辛基的春节活动已经成为“欢乐春节”系列活动的典范。15年来，来自北京的50多个文艺团体、490余名文艺工作者参与了春节活动。随着观众人数的逐年增多，活动影响力的不断扩大，活动在赫尔辛基的主场地也从最初的赫尔辛基水晶宫广场，到中心商业大街，再到如今的颂歌中央图书馆。活动获得了各界好评，在芬兰及北欧和波罗的海地区获得了巨大反响，在当地实现了品牌化、本土化和市场化效应，被文化和旅游部誉为中国文化“走出去”的成功范例。

“中国舞龙”游走在赫尔辛基中心城区

中西合璧的舞龙舞狮表演

2017年4月，国家主席习近平对芬兰进行国事访问前夕，在芬兰《赫尔辛基时报》发表的《穿越历史的友谊》署名文章中提道："'欢乐春节'文化庙会活动已在芬兰连续举办11年，成为许多芬兰朋友在隆冬期待的品牌活动。"为深入贯彻习主席的指示精神，2018年春节期间，北京市将春节庙会活动升级打造成"欢乐春节——北京周"系列活动，通过文化搭台，进一步促进两市在经贸、科技、青少年体育、教育和旅游等多层次、多领域的交流合作。北京市青少年U12冰球队远赴芬兰，在"欢乐春节——北京周"青少年冰球交流赛中取得了不错的成绩。"欢乐春节——北京周"活动发挥平台优势，促进了北京冬奥组委会与赫尔辛基在冬奥运动员训练及比赛、冬奥运动设施及装备、相关人才培养等方面的深入交流与合作。此外，"欢乐春节"文化庙会活动于2018年2月首次走进圣诞老人的故乡，在芬兰北部城市罗瓦涅米举办了狗年生肖主题快闪活动。2021年春节期间，我们推出了线上"欢乐春节"活动，首次实现了"线下"实体活动与"线上"视频直播相结合。直播过程中，国内各大网络平台近千万人次点击观看，海外共计约48万人次点击观看直播活动。

赫尔辛基"欢乐春节"文化庙会活动是在北京与赫尔辛基两市政府文化主管部门的共同努力下，精心培育、深耕细作而打造出来的一个精品文化活动。独特的北京庙会已经成为芬兰人民喜闻乐见的节庆活动，伴随着他们度过寒冷且漫长的冬夜，共同迎接生机盎然的春天。2016年，北京与赫尔辛基仿照这种模式，共同策划了“你好，赫尔辛基！”北京文化周活动，受到北京市民的喜欢，芬兰及北欧独特的文化艺术魅力给北京市民留下了深刻印象。

当今世界处于百年未有之大变局，新冠疫情加剧了国际形势的不确定性和不稳定性，同时，世界多极化、经济全球化大势不可阻挡，人类的命运从没有像今天这样紧密相连。在机遇与挑战并存的新形势下，坚持文明交流互鉴尤为重要。未来，我们将与芬兰的合作伙伴携手，积极研究新形势下“欢乐春节”系列活动创新发展的方法和手段，把芬兰“欢乐春节”文化庙会活动打造成推动世界文化交流与文明互鉴的重要平台。同时，我们将充分发挥北京作为全国文化中心和国际交流中心的资源优势，以文化搭台，扩大合作领域，服务首都城市战略定位发展，进一步促进两市在经贸、科技、旅游、教育、体育等多层次、宽领域的合作发展，使友好城市关系不断迈上新的台阶。

谨以此书献给多年来参与过活动的两市市民朋友，也献给为芬兰“欢乐春节”文化庙会活动努力付出、辛勤耕耘的各位领导、艺术家和两市的参与者。本书在写作过程中，来自各界的活动参与者审读了稿件，提出了宝贵的修改意见，在此一并致谢。

Preface

"Helsinki Chinese NewYear": 15 Years in Retrospect

Here, there are only two firework displays planned per year, one on January 1 and one on Chinese New Year's Eve.

Here, an event comes as promised every winter, and has become a "new festival" for local people, which they very much look forward to.

Here, in Helsinki, Finland.

In 2006, Beijing and Helsinki became sister cities.

Finland's first "Helsinki Chinese New Year" Temple Fair kicked off in 2007. Since then, it has been held every year, with tens of thousands of people participating each year despite the harsh winter weather.

"Helsinki Chinese New Year" Temple Fair has become a "new festival" for the Finnish people

Joy, harmony, dialogue and sharing are its themes. In the past 15 years, the event has expanded in scale, with increasing participants and a steadily growing influence. The event also serves as an emotional link, connecting Chinese at home and abroad.

Culture and tourism go hand in hand. It is essential to integrate the two where possible so they can complement and add radiance to each other. In recent years, "integration of culture and tourism" has become a new trend, and an integral part of delivering a better life for the people. This has motivated our efforts to organize and further develop the "Helsinki Chinese New Year" Temple Fair in Finland.

Celebrating the Chinese New Year together, sharing Chinese culture, and making the world a better place—this is the spirit that guides the "Helsinki Chinese New Year" Temple Fair, a symphony of culture and friendship without borders.

Over the last 15 years, while remaining faithful to our initial aspirations, we have come to know each other through the event, and have been rewarded with genuine and everlasting friendship.

The Lieu of a Preface (1)

The Story behind a “Crayfish” Dinner

Interviewee: Ma Keqing

Then Chinese Ambassador to Finland

In the past 15 years of the “Helsinki Chinese New Year” Temple Fair, Ma Keqing, the then Chinese Ambassador to Finland, has been a key figure.

Ambassador Ma Keqing (second from left) at the “Helsinki Chinese New Year” Temple Fair in 2008

"The winter in Helsinki in 2007 was very cold. To stay warm, many tents were set up, hence the name temple fair", as Ambassador Ma Keqing recalled. In comparison with the first "Helsinki Chinese New Year" Temple Fair in 2007, what impressed even more this time was the story behind the scenes.

At that time, the embassy consulted many Chinese in Finland. At first, the cold weather conditions led them to be quite hesitant, in addition to the choice of venue and other potential difficulties. However, trying the tomato for the first time is always like this. Despite their trepidations, a few Chinese decided to give it a go and this attracted many more overseas Chinese to join in. These overseas participants went on to become an indispensable force in the preparations for the event.

Out of considerations for overall effect and security, the City of Helsinki's Cultural Office (now Culture and Leisure Division) and Finland-China Society decided to hold the first event at the Lasipalatsin aukio (The Square of the Glass Palace) in Helsinki, which was a relatively closed and easy-to-manage area. "The first event attracted some 25,000 participants. This was somewhat unexpected. Chinese food was particularly popular, and it was spectacular to see happy folks walking to the lake to watch the firework display. The success of the first event fully stimulated the enthusiasm of overseas Chinese. It gave confidence to all participating parties, including myself," said Ambassador Ma Keqing.

Looking back, Ambassador Ma Keqing believes that the success of the "Helsinki Chinese New Year" Temple Fair in Helsinki can be attributed to several contributing factors.

The first is the affirmation and support of the Bureau for External Cultural Relations of the Ministry of Culture of China (now the Bureau of International Exchange and Cooperation of the Ministry of Culture). Ambassador Ma Keqing took office in Finland in 2006. During that time, the Ministry of Culture launched a series of "Helsinki Chinese New Year" events in more than 20 countries and regions around the world, garnering a growing influence. She hoped to take "Helsinki Chinese New Year" to Finland to further promote people-to-people exchanges between the two countries. To this end, she visited the Bureau for External Cultural Relations, made the proposal on the embassy's behalf to hold the Chinese New Year Temple Fair in Helsinki, and asked the Ministry of Culture for its perspective. The Bureau for External

Cultural Relations immediately expressed support for the proposal.

The second factor is a heart-warming "crayfish" dinner. After Ma Keqing took office in Finland in 2006, she met Finnish entrepreneur Antti Piippo. His company Ecotech ran a factory in China, which supplied mobile phone cases for the Finnish company Nokia. At the time, Nokia was thriving in China with an large share in the Chinese phone market. Mr. Piippo was also very happy with his business in China.

Former Finnish Prime Minister Esko Aho, journalist with *Helsingin Sanomat*, and the editor-in-chief of Suomen Kuvalehti were also invited to Ambassador Ma Keqing's welcome dinner.

With a serving of "Crayfish" for the main course, the guests got to enjoy a lively and pleasant atmosphere. Ambassador Ma Keqing, the Counsellor, and the Director of the Political Department were invited to speak at the event. Former Finnish Prime Minister Esko Aho said, "China is a big country. The fact that the ambassador of such a big country and her two colleagues can communicate in Finnish really surprises me. Does anyone here speak Chinese? Here, I propose to build a Chinese school in Helsinki, and I look forward to the support from the entrepreneurs in this room!" Hearing the proposal of the Prime Minister, many entrepreneurs rose to their feet and agreed to make a contribution.

Having witnessed the charisma of the former Prime Minister and the enthusiasm of Finnish entrepreneurs, Ambassador Ma Keqing took the opportunity to put forward the idea of holding a "Helsinki Chinese New Year" Temple Fair in Helsinki. The proposal received instant support from Former Prime Minister Aho, and was warmly applauded by the entrepreneurs.

The third factor is the establishment of sister-city relationship between Beijing and Helsinki. In July 2006, Wang Qishan, then mayor of Beijing, led a delegation to visit Helsinki and signed an agreement with Jussi Pajunen, then mayor of Helsinki, to establish sister-city relationship between the two cities. It is fair to say that the sister-city relationship between Beijing and Helsinki paved the way in many aspects for holding the "Helsinki Chinese New Year" Temple Fair.

The fourth factor is the key role of Mr. Jussi Pajunen. He took the initiative to strike the iron while it was hot. Ambassador Ma Keqing invited Mr.

Pajunen, who had just taken office as mayor, as well as the leaders of City of Helsinki's Cultural Office, and other relevant personnel to the embassy. Upon their meeting, Mayor Pajunen got straight to the point: "I have read the story about it in Suomen Kuvalehti, and I am all for holding activities celebrating the Chinese New Year. Winter in Helsinki is very dull, with few attractions. We need such cultural activities. We are committed to making Helsinki a European Capital of Culture, and the 'Helsinki Chinese New Year' activities can meet our needs. "

The two sides had a very effective talk and finalized the mechanism of the activity: City of Helsinki's Culture and Leisure Division will be the main authority responsible for the activity, the Finland-China Society will provide assistance and the embassy will provide necessary support. In addition, Finnair, KONE Elevator, and food and beverage companies will contribute as sponsors.

At that point, the embassy contacted the Beijing Municipal Bureau of Culture (now Beijing Municipal Bureau of Culture and Tourism) at the first available time. Beijing Municipal Bureau of Culture and Tourism readily agreed, saying that it was able to fully mobilize the necessary cultural resources including art troupes. Then, after several rounds of discussion, the two sides finally decided that the budget for the activity would be shared by Beijing and Helsinki, each contributing 50%, and the sponsorship plan for Finnish entrepreneurs was finalized.

Clear responsibilities of different organizing parties were crucial to the success of the "Helsinki Chinese New Year" Temple Fair in Finland.

In the process of communication, Mr. Jussi Pajunen told a story about his childhood with great interest. When he was small, he lived in the neighborhood of the Commercial Office of the Chinese Embassy in Finland. He often climbed over the wall and went in to pick fruit from the courtyard of the Commercial Office...Perhaps at that time, he had already begun to develop a subconscious interest in China.

From a fortuitous combination of circumstances to the realization of this signature event, Finland's "Helsinki Chinese New Year" event was a result of the effective work of many, to whom Ambassador Ma Keqing was grateful.

She said that she has to thank Beijing for its rich cultural resources, Helsinki for its pragmatic work, Finnish entrepreneurs for their sponsorship, Finland-China Society and the Chinese Friendship Association for their support and assistance. "It is particularly worth mentioning that all Finnish entrepreneurs sponsoring the event did so on a completely voluntary basis. By doing so, they also fulfilled their corporate social responsibility."

"China and Finland boast close people-to-people ties, which largely stems from the friendship between the two peoples. Such friendship will certainly help governments make decisions more easily. The City of Helsinki has made practical efforts to promote people-to-people exchanges, which has furthered cemented the friendship between the two peoples and opened up opportunities for even more cooperation. Case in point, the number of flight routes between China and Finland has been on the increase, benefiting the people of both countries, including the citizens of Helsinki." According to Ambassador Ma Keqing, who passionately discussed the growing bonds between the two peoples.

People-to-people exchanges and mutual learning between civilizations help us to build stronger bonds, as we continue our shared journey towards a community with a shared future for mankind...

The Lieu of a Preface (2)

The Chinese New Year Festival in Helsinki

Jussi Pajunen
Former Mayor, The City of Helsinki

Jussi Pajunen, Former Mayor of the City of Helsinki

I started as the mayor of the City of Helsinki the 1st of June 2005. Shortly after taking my post, we began negotiating the sister city agreement with the Beijing Municipal Government. The official signing ceremony took place on 14 July 2006 in Helsinki.

For the City of Helsinki, it was an opening of a new era. Beijing became our first sister city under this format. An official relationship with the capital of China meant that we now had an opening into Asia. At that point in time, the Chinese economy had already enjoyed spectacular economic growth for many years. The Finnish industry had been successful in establishing contacts in China, and especially Beijing had become an important hub for Finnish companies. Many of them had a significant position in the Chinese market.

The event was sponsored by many Finnish enterprises (2012)

The growth of international travel between Asia and Europe had benefitted Helsinki. The Helsinki International Airport was increasing its passenger volume every year, and it was becoming one of the biggest airline hubs positioned along the Asian flight routes in Europe. The travel time from Helsinki to Beijing is less than 8 hours, which means that it is possible to make a return flight between Helsinki and Beijing within a single day. This is not possible from many other major airports in Europe, giving us a big competitive advantage.

In 2006, China and it's huge economic growth became very well known in Finland. At the same time the number of contacts between different organizations in the two nations had grown rapidly. There were more and more Finns working in China and a growing Chinese speaking community in

Helsinki. In a way, it was the perfect time to start the collaboration and to have a sister city in Asia. It was natural that the two capitals, Helsinki and Beijing, became active partners.

The international sister city tradition is rooted in the rebuilding of societies after the Second World War. The concept is to create bilateral collaboration based on friendship between cities in different nations. The promotion of peace and understanding was important especially in the post-war world era. From that point forward, cultural exchange has played a major role in the sister city programs. As we entered the new millennium, economic development became ever more important. This was also a focal point while we planned the first steps of our collaboration.

It is difficult to recall who first initiated the idea of having a Chinese New Year Festival in Helsinki. The concept of the Chinese New Year was very familiar to us. To understand cultural traditions was important, but both cities had also their own interests to promote. In Helsinki, as already mentioned, both public and business interest had increased. There were more and more Chinese speaking people in the city, and there was a growing awareness of the importance of tourism in economic development.

As a tourist city Helsinki needed new festivals in its events calendar, especially in the wintertime. The autumn and the season before and during the Christmas were already busy, but after the new year it was quiet. There was an open slot for the Chinese New Year Festival. The timing was optimal. Ordinarily, the end of January and beginning of February in Finland was the time for outdoor sports; skiing and skating. People living in Helsinki wanted to go to the countryside to enjoy outdoor life. Indeed, there was a need to offer attractions for local citizens and tourists alike. We felt that the Chinese New Year Festival had a potential to fulfill that need.

From the beginning, the support and assistance from the Beijing Municipal Government was extremely important. Every year we enjoyed talented performances from thc best Chinese artists. The Embassy of the People's Republic of China in Helsinki was also in a key position, advising us on the Chinese market and how to best organize the program. The Chinese Ambassador to Finland, Ms Ma Keqing, took a personal interest in promoting the festival. Thanks to these joint efforts, the Festival became a success.

The first Chinese New Year Festival in Helsinki was organized on 17 February 2007. The main stage and the Chinese market took place in Lasipalatsin aukio (The Square of the Glass Palace) in the center of Helsinki. The Cultural Office of the City of Helsinki was the producer of the program with the support of the Beijing Municipal Bureau of Culture and Tourism. The program continued throughout the day. In the Chinese market the visitors were able to buy and taste the delicacies of Chinese cuisine. Chinese tastes were already well known in Finland at the time, and the market turned out to be a success.

The highlight of the Festival was naturally at midnight, when the lunar year was changing. In the program, we were able to take advantage of the time difference between Helsinki and Beijing. Midnight in Beijing is 6 pm in Helsinki. The audience watched the arrival of the New Year from a big screen, broadcasting directly from Beijing. My role as the Mayor of the City of Helsinki was to give a short speech with the Ambassador of the People's Republic of China. It took place on the main stage just minutes before 6 pm.

I think during my speech I was able to accurately articulate the essence behind the event: "Our globalised society brings cultures nearer each other. Finnish trade and industry are closely linked to the fast-growing Chinese economy. Cultural diversity is a sign of a flourishing city. In today's world, mutual knowledge of different ways of life becomes more and more important."

After that, we concluded the festivities with fireworks in front of the Finlandia Hall in the center of Helsinki. During winter it is already dark at this time.

When organizing an outdoor festival in the middle of winter in Helsinki there is always the question of the temperature. Sometimes weather could be quite cold. We were lucky during the first festival. The temperature was about 0 degrees centigrade, which is slightly above the average. Later we noticed that the Chinese New Year Festival was not sensitive to the temperature. The turnout was not dependent on the weather.

The first Chinese New Year Festival was a great success. It went above and beyond my initial expectations. Doing something for the first time is not always easy. The festival was well-received by the citizens. The turnout at the marketplace and at the stage was good. However, the best feedback that we received came from the Chinese community. The companies working in Asia were also very positive in their comments. It was easy to make the decision to arrange the Chinese New Year Festival in Helsinki every year. We were committed to make this into a tradition.

During my years as Mayor of the City of Helsinki, the Chinese New Year Festival was always highlighted on my calendar. I wanted to feel it personally. Year after year, the public interest grew. The program was always excellent, and the people enjoyed it. Many cities in Finland and in the neighborhood followed our example and wanted to have their own Chinese New Year Festivals.

Mayor Pajunen interacted with the lion dancers

The original concept didn't change much over the years. The live performance of the best Chinese artists guaranteed the quality and originality of the Festival. Direct television program from Beijing gave a connection to China and an impression of the global scale of Chinese New Year. It was also important to include local artists. Some special features had an opportunity to appear in the programme, such as the visit of the imposing eighty Chinese lantern statues portraying the famous terracotta soldiers, which provided colorful light in the heart of the city in 2015.

"Beautiful Terra-Cotta Warriors" Lantern Show (2015)

The "Helsinki Chinese New Year" Temple Fair has become an important annual event in Helsinki

As Mayor, I felt the importance of the Festival. Every single year I had my short speech at the stage with the Chinese Ambassador. We would also take the opportunity to taste Chinese cuisine together. We met our guests from Beijing and spoke with the audience. The friendliness and joy were overwhelming. It is something to remember.

Foreword(1)

Digging Deep: Organizing Cultural Events to Boost People-to-People Ties

Chen Dong, Director-general, Beijing Municipal Bureau of Culture and Tourism

Chen Dong (left), Director-General of Beijing Municipal Bureau of Culture (now Beijing Municipal Culture and Tourism Bureau), accompanied Helsinki Mayor Jussi Pajunen (second from right) in visiting the "Charming Beijing, Passionate Winter Olympics" Exhibition (2015)

On April 3, 2017, President Xi Jinping published a signed article under the title "Our Enduring Friendship" ahead of his state visit to Finland in *Helsinki Times* of Finland. The article mentioned that the two countries enjoy vibrant people-to-people ties. There is a steady rise in the number of Chinese visiting Finland for the Northern Lights and Santa Claus. The annual "Helsinki Chinese New Year" Temple Fair, which has been held in Finland for the past 11 years, has become a popular winter event anticipated by many Finns. The Helsinki Art Festival with China as the guest of honor and "Moi Helsinki" cultural event in Beijing have been well received among the local communities...

The exchange between cultures and civilizations is bound to enhance people-to-people ties and bilateral cooperation, for which the "Happy Spring Festival" Temple Fair in Helsinki serves as a ready example. The event is a vivid practice in telling the stories of China and Beijing. After 15 years, it has developed into a high-quality, localized signature event driven by market forces, becoming a successful example of Chinese culture not only reaching out to global communities but also "adapting" to local life.

With ever deepening international cultural exchanges, people begin to truly understand, accept and trust each other. It is only possible to foster close people-to-people bonds when the local communities are engaged. The initial motivation to organize the "Helsinki Chinese New Year" Temple Fair in Helsinki was to bring the Chinese culture to the Finns, with China as the principal sponsor. But later the event was largely driven by the Finnish side, and became a cultural gift from the local government to the citizens, gaining great popularity among the latter. The event took root in the local communities, and became an integral part of local life. This is a telling example of localization, which shows once again that we should dig deep in cultural activities and help them become a part of the lives of the local people.

In the Spring Festival of 2015, I set foot on the land of Helsinki, Finland, and was deeply impressed by the "Helsinki Chinese New Year" Temple Fair. Locals were clearly very enthusiastic about the event. Families came despite the cold winter in Northern Europe. Fathers carried their children on their shoulders to watch performances... Previously, I thought it was only possible to see people jostling each other attending temple fairs in China, but as I saw such a lively scene in Helsinki. I was deeply touched by the enthusiasm and friendliness of the audience.

Finnish children sitting on their fathers' shoulders when watching the performance

Finns participating in the event with enthusiasm (2015)

At the event, intangible cultural heritage displays and related products were particularly popular, demonstrating a passion for Chinese culture among locals. I remember there were several young people, one of whom had studied at Beijing Sport University. He was particularly fond of Chinese martial arts and had published a book on it. He took the time to bring the book to me. As I turned the pages, I could truly feel how much he loved Chinese martial arts. Moreover, local restaurants sold Chinese delicacies and snacks on the spot, which was also very well received. In 2015, the event became more diversified, with more participating organizations and richer contents, bringing together cultural performances, exhibitions, intangible cultural heritage projects and cultural and creative industries. The combination of art, techniques, and food resulted in an extraordinary experience, making the event a huge success.

Another vivid evidence that this event has taken root in the local communities is the fact it created a scenery of “moving Chinese culture”. Normally, the event would start at 14:00 local time, that is 8:00 pm Beijing time, exactly in sync with the CCTV Spring Festival Gala. This way the local audience can celebrate the Spring Festival with people in China together. Before the formal start of the performance on stage, members of the local dragon and lion dance team would first perform traditional Chinese dragon and lion dances in the streets of Helsinki.

Dragon and lion dance on Helsinki’ s streets (2015)

The local dragon and lion dance team has a story with Beijing. In as early as 2007, when the first "Helsinki Chinese New Year" Temple Fair in Helsinki was held, our performers brought a dragon prop to Finnish audiences for the first time. After the performance, this dragon prop stayed in Helsinki. Later, the Bureau of Culture and Tourism sent professional dragon and lion dance coaches to train the locals. Thus giving birth the establishment and development of local dragon and lion dances with native Finnish participants. Now, more than ten years have passed, the team has developed itself into a scenery of "moving Chinese culture", becoming a highlight in the achievements of Sino-Finnish cultural exchanges.

Dragon dance performed by locals (2011)

To propagate Chinese culture and tell Chinese stories well, it is far from enough to simply reach out to overseas communities. It is important to reach into their life and become part of it, so as to truly sow the seeds of culture.

The most important aspect of localization is to effectively adapt to the local people's aesthetics, habits, lifestyle, customs and traditions. The cultural performance and displays of "Helsinki Chinese New Year" Temple Fair in Helsinki should therefore be firmly based on the needs of the local people so as to give them the best possible experience. Over the years, the programs presented in the event, be it Jingju[1], acrobatics, music, or dance, are all high-quality programs with Chinese style and Beijing's characteristics. The have been performed by excellent art troupes and artists with quality guaranteed.

To achieve this, a mature mechanism is crucial. Initially, cultural performances were largely decided by the Chinese side. Later, every July and August, Helsinki partners would come to Beijing to select suitable programs for next year's activities. They know more about the local people's needs than we do. The programs they choose are better suited to touch the hearts of the local audience, allowing Chinese culture and art to resonate with them. Such an interactive mechanism, which informs us about the demand side, has proven effective in organizing the performances.

Another important innovation in the "Helsinki Chinese New Year" Temple Fair in Helsinki is the special exhibitions, such as the "Charming Beijing, Passionate Winter Olympics" exhibition, the Terra-Cotta Warriors Lantern Show and the Zodiac Ice Sculpture Exhibition. In the wintertime of Northern Europe, the days are short and the nights long. These scenes at the event, which carry the unique culture of China, have illuminated the long nights, creating a new attraction in the city. In the future, we may consider bringing excellent plays that reflect the development of contemporary Chinese culture into local concert halls and opera houses to meet the diverse cultural needs of the local audience.

As we strive to deliver a high-quality, localized signature event, we have kept working with market players. After 15 years, this event has gradually gone from an intergovernmental cultural event to a multi-dimensional and multi-level one, in which different market players are motivated to contribute. This has helped ensure the continued success of the event.

---

① Translator's Note: Jingju, also known as Peking opera, or Beijing opera, is the most dominant form of Chinese opera which combines music, vocal performance, mime, dance and acrobatics. It arose in Beijing in the mid-Qing dynasty (1636–1912) and became fully developed and recognized by the mid-19th century. Jingju features four main role types, i.e., sheng, dan, jing, chou, according to different identities and personalities. The lyrics of jingju are performed with rhythmic speaking, accompanied by dozens of musical instruments. Jingju still enchants many Chinese people and foreigners in today's world with its unique charm, and is considered one of the cultural treasures of China.

Culture is the soul of tourism, while tourism is an important medium for culture. In the history of the joint evolution of different civilizations, cultural exchanges and tourism have played an important role. Moving forward, the "Helsinki Chinese New Year" Temple Fair in Helsinki should focus more on the in-depth integration of culture and tourism, so that the two can better complement each other. According to Beijing's Medium-and Long-Term Plan for Promoting the Construction of National Cultural Center (2019-2035), by 2035, Beijing's tourism consumption will account for more than 30% of the city's total consumption, and the number of inbound tourists in Beijing will reach about 10 million, creating a new growth pole for the capital's economic development. As we extend the reach of Chinese culture, we hope to attract more foreign tourists into Beijing and experience the Chinese way of celebrating the Spring Festival and the Chinese way of life. By enabling foreign tourists to personally experience China's cultural landscape and the changes that have taken place in the country, we will be able to bring people-to-people exchanges to the next level.

The key strategies for national cultural undertakings during China's 14th Five-Year Plan period were identified at the Fifth Plenary Session of the 19th CPC Central Committee, including the vision of building a country with strong cultural influence by 2035, which provided a "timetable" and a "road map" to develop cultural undertakings and industries and improve national cultural soft power. In the new historical stage and development period, question of how to enhance cultural soft power, cultural confidence and cultural consciousness will be an important part of international cultural exchanges. The "Helsinki Chinese New Year" Temple Fair in Helsinki should continue to look for Chinese cultural elements with global significance in our era, and spread Chinese values and traditional culture in a way that responds to the needs of our times.

Sincerity makes for life-long friends. As cultural activities continue to connect the minds of our two peoples, we look forward to an even more gorgeous chapter in the future of the "Helsinki Chincse New Year" Temple Fair in Helsinki.

Foreword(2)

Developing the "Helsinki Chinese New Year" Cultural Event as an Institutionalized and Localized Signature Event

Pang Wei, Deputy Director-General (Director-General Level) of Beijing Municipal Bureau of Culture and Tourism

Deputy Director-General of Beijing Municipal Bureau of Culture and Tourism Ms. Pang Wei (Middle) and folk musicians

In 2019, I led a delegation to Finland for the "Helsinki Chinese New Year" Temple Fair, which included 4 performances, a temple fair that lasts a whole day, and a number of cultural activities, including variety shows, special performances for children, shadow play performances, tourism and Winter Olympics promotional project, intangible cultural heritage displays such as Jingju facial makeup and Sugar Painting, ice sculpture creation and display, and inter-library exchanges, which were warmly welcomed by local dignitaries, citizens and overseas Chinese.

Splendid cultural and artistic performances (2019)

Dragon dance performed by the Finnish dragon and lion dance team (2019)

The musicians and performers in the Finnish dragon and lion dance team were all locals (2019)

In Helsinki, Finnish people lined up in front of the tents showcasing Jingju facial makeup and Sugar Painting techniques. People were attracted to the Chinese Zodiac ice sculpture "Happy Piggy", and took pictures of it. Parents and children gathered on the third floor of Oodi Central Library to watch the performances of traditional shadow play. The staff of the Municipal Bureau of Culture and Tourism and the Beijing Overseas Cultural Exchanges Center handed out free brochures and promotional materials about Beijing Winter Olympics. After the performance, the night sky in Helsinki was lit up by gorgeous fireworks... All of this left a deep impression on me. In the cold winter weather in Northern Europe, I saw many Kindergarten kids led by their teachers and children pushed along in their prams by their parents. People participated with great enthusiasm. It was such a touching scene. It also made me deeply proud of the charm of Chinese culture.

Finnish children and parents enjoying shadow plays at Oodi Central Library (2019)

There are no more than 5,000 Chinese living in Helsinki, yet the local "Helsinki Chinese New Year" Temple Fair is able to attract tens of thousands of visitors every year. After years of development as a localized signature event driven by market forces, it has become an out-and-out local festival and an important cultural brand in not only Finland, but also across Northern Europe.

Promotion Project (2019)

The "Helsinki Chinese New Year" Temple Fair has continued to set records for the number of visitors year after year. Beijing has elaborately designed and boldly innovated the event's programs, with full consideration to the audience. According to Finland's experience, the introduction of Chinese culture should embrace new concepts when necessary. Beyond the charm of traditional art, more elements of Chinese contemporary art can also be incorporated, so as to adapt to the taste of the young people with art forms and troupes suitable for cultural exchange. In future, we will continue to fine-tune and innovate art forms, and invite excellent art groups from Helsinki to Beijing to participate in art festivals, music festivals and other activities, so as to promote dialogue in art communities and artistic creation.

In the past 15 years, we have been committed to developing the "Helsinki Chinese New Year" Temple Fair as a localized signature event driven by market forces in Finland while promoting its continuous innovation and development. The event has gradually expanded in scale, with an increasing number of participants and rapidly growing influence. It has become a platform for Chinese culture to go global and a bridge for people-to-people exchanges.

In 2018, building on the years of success enjoyed by the "Helsinki Chinese New Year" Temple Fair, activities between Beijing and Helsinki were extended to winter Olympic sports, economy and trade, science and technology, and tourism. The "Helsinki Chinese New Year Beijing Week" was successfully held in Helsinki, with a series of activities such as U12 Men's Ice Hockey Competition, Science and Technology Economic and Trade Sports Forum, and "Charming Beijing" Tourist Photo Exhibition. Among them, "Science and Technology Innovation and Entrepreneurship Roadshow Competition" became a big attraction of "Beijing Week". The event has made Sino-Finnish economic, trade, scientific and technological and sports exchanges part of the local Chinese New Year celebrations and facilitated mutual learning. In 2019, the Capital Library of China and Helsinki City Library signed a memorandum of cooperation on "Reading Beijing", which featured annual exhibitions, lectures, book exchanges, and seminars in both cities, for the first time extending bilateral exchange into public cultural services.

After years of exploration, the winning works of the Global Zodiac Design Competition have been transformed into key visual resources of the "Helsinki Chinese New Year" Temple Fair activities. This has given way to derivative products such as Zodiac stamp albums and costumes, which have been well-received by Helsinki citizens and promoted Zodiac culture overseas.

Many prestigious local enterprises continued their presence in the event as sponsors, contributing to the event's growing scale and influence. During the event, promotional signage can be seen on both sides of the roads in the center of Helsinki, with videos of Beijing on large LED screens. In future, we will encourage enterprises in Beijing to join the activities and make full use of the "Helsinki Chinese New Year" cultural event in to promote their products while showcasing Beijing's image on the world stage.

In the future, we would further promote the branding, institutionalization and localization of Finland's "Helsinki Chinese New Year" Temple Fair activities.

In terms of programs, we will continue to deliver high-quality programs with elaborate design and bold innovations to create an even better festive atmosphere. Finnish people are generally highly educated and are in a good position to appreciate different culture and art forms. While displaying the charms of traditional art, Beijing should incorporate more elements of Chinese contemporary art in the event with all its diverse contents including performances, intangible cultural heritage displays, folk customs experience, Chinese delicacies, tourism promotion and book fair, with a view to creating an interactive, fashionable and immersive temple fair with unique characteristics.

We would actively promote the establishment of a long-term cooperation mechanism with partners from both cities. During my visit to Finland, I made a special trip to the Chinese Embassy in Finland, Helsinki City Government, and Culture and Leisure Division (formerly Cultural Office). We had in-depth talks about future cultural exchanges and cooperation between Beijing and Helsinki in various fields, channels and forms, followed by practical discussions on the future innovation and development of the “Helsinki Chinese New Year” Temple Fair.

In the future, Beijing will have even more exchanges and discussions with Helsinki on the deep integration of culture and tourism. Making use of the opportunity of Beijing Winter Olympics and Winter Paralympics in 2022, promotional messages of Beijing Winter Olympics will have greater presence in Finland's “Helsinki Chinese New Year” Temple Fair. After the pandemic is over, we will consider inviting professional art groups from Helsinki to China to participate in Beijing’s temple fair activities, and attracting more Finnish tourists to experience authentic Spring Festival culture in Beijing.

Chapter 1 Origin

Showcasing Chinese Civilization with Cultural Confidence

Finland, bounded by the Baltic Sea, is known as the "land of thousands of lakes" in Northern Europe and the hometown of Santa Claus. Helsinki is Finland's capital and largest port city, through which 50% of the country's imported goods enter the country. Praised by the world as "the daughter of the Baltic Sea", Helsinki is a city where classical beauty and modern civilization come together. It is also a garden city where urban architecture and natural scenery are ingeniously combined.

In 2006, Beijing and Helsinki became sister cities. In 2007, the first "Helsinki Chinese New Year" Temple Fair in Helsinki was successfully held. Since then, the activity takes place every year on schedule, forging a emotional attachment with locals in the process.

"China and Finland have a close bond. Finland is one of the first Western countries to establish diplomatic ties with the People's Republic of China and the first Western country to sign an intergovernmental trade agreement with China. The two countries also enjoy vibrant people-to-people ties. The annual 'Happy Spring Festival' fair, held in Finland for the past 11 years, has become a popular winter event anticipated by many Finns. The Helsinki Art Festival with China as the guest of honor and 'Moi Helsinki' cultural event in Beijing have been well received among the local communities. " Ahead of his state visit to the Republic of Finland, President Xi Jinping published a signed article under the title "Our Enduring Friendship" ahead of his state visit to Finland in *Helsinki Times* of Finland.

By spreading Chinese civilization with confidence, Finland's "Helsinki Chinese New Year" Temple Fair has formed a gravitational field of Chinese culture in its own unique way.

"At that Moment, I was Particularly Touched and Excited"

Interviewee: Wu Shiguang

Then Cultural Counsellor of the Chinese Embassy in Finland

Wu Shiguang served as Cultural Counselor of the Chinese Embassy in Finland for four terms intermittently. Over the past ten years, he has witnessed cultural exchanges between China and Finland, and especially between Beijing and Helsinki.

In 2006, Wang Qishan, the then mayor of Beijing, visited Helsinki, and Beijing and Helsinki signed an agreement to establish sister-city relationship, paving the way for many more years of friendship. "In fact, before this, there had already been some forms of cultural exchanges between the two cities." according to Wu Shiguang. For example, in the 3rd Nordic Chinese Culture Festival in 2006, the Beijing Municipal Bureau of Culture (now the Beijing Municipal Bureau of Culture and Tourism) sent the Beijing Song and Dance Theater and the Chinese Puppet Art Troupe to participate in the performance. The Culture Division of the Embassy also contacted the Chinese Oriental Guzheng Orchestra to participate in the performance.

In Wu Shiguang's view, the signing of the Sister-City Agreement between Beijing and Helsinki officially institutionalized the exchanges and partnership between the two cities in economy, culture, trade, science and technology. "Among these, both sides have foregrounded their willingness to conduct cultural exchanges. The embassy of course was happy to facilitate communications and promote bilateral exchanges and cooperation. "

In Wu Shiguang's impression, many countries in the world had already hosted the "Helsinki Chinese New Year" event back then. "This is a good way to spread Chinese traditional culture with all its rich and profound connotations, so that people can understand it better."

In order to bring the "Helsinki Chinese New Year" event to Helsinki as soon as possible, in October 2006, Beijing and Helsinki began to discuss related matters, and quickly reached an agreement: the two cities would co-host the cultural exchange activities of the Temple Fair, which would feature cultural performances as well as "Chinese cuisine" and "interactive experience". "This can better convey the happy, peaceful and festive atmosphere of Chinese Spring Festival, which defines its essence."

How should the plan be implemented once it is finalized? We had plenty to worry about. The first problem was the choice of venues. Temple fairs normally take place outdoors. However, the winter of Helsinki is too cold, with temperatures generally around minus 10 to 20 degrees Celsius. If it snowed, it would be even colder. As a result, there were very few open-air activities in winter. A natural concern was that the audience might not be willing to attend amid the freezing weather. If food stalls were introduced, would businesses be willing to come?

"We felt unsure in the face of these challenges!" Wu Shiguang said frankly. He still remembers that at that time, all major media in Helsinki gave great publicity to the event, and even the officials of City of Helsinki's Cultural Office (now Culture and Leisure Division) warmly encouraged their friends to participate.

Wu Shiguang (middle) at the event (2019)

After nearly four months of intensive preparation, the first "Helsinki Chinese New Year" Temple Fair officially kicked off. From February 15 to 22, 2007, at the invitation of City of Helsinki's Cultural Office and with the assistance of the Chinese Embassy in Finland, Beijing Municipal Bureau of Culture sent the first delegation to Helsinki.

The main venue of the event was the Lasipalatsin aukio (The Square of the Glass Palace) in downtown Helsinki. The event officially launched at 2:00 in the afternoon, as the dragon and lion dancers took to the stage in Helsinki's Senate Square. "This venue is very important and special. In addition to government agencies, there were universities, churches and financial institutions present at the event. On that day, when with the banging of gongs and drums the atmosphere among the crowd immediately begun to elevate. The procession went along Mannerheimintie, the bustling trunk road in Helsinki, to the Square of the Glass Palace, dancing as they went. The local people followed all the way. It was such a spectacular scene...At that moment, I was particularly touched and excited. This had completely dispelled my worries of a low turnout. I ended up worrying about overcrowding. "

In Wu Shiguang's impression, the atmosphere at the event was splendid. Families came, with children sitting on their fathers' shoulders. All the stalls were packed. Chinese snacks were always a favorite, and widely contributed to the event's popularity!

The Finnish lion dance team was extremely popular at the temple fair

Finnish children sitting on their fathers' shoulders at the temple fair

At two o'clock sharp, the performance began on the makeshift stage in the square. Artists from Beijing Citizens' Art Hall, Beijing Folk Art Troupe and Pinggu Essence Lion Dance Team delighted the audience with Chinese traditional Pinggu-Zhongfan (Flag Balancing), martial arts performance, and Face-changing in Sichuan Opera. Folk arts with strong Chinese characteristics shined brilliantly on the exotic stage far away from their hometown.

"On the big screen next to the stage, CCTV's Spring Festival Gala was broadcast live." Wu Shiguang said, "Everyone felt so excited to be part of this glamorous and sensual visual feast. As the event continued into the evening, people finishing work also joined in, making it even more lively."

At six o'clock in the evening, that is, 12 o'clock in the middle of the night in Beijing, the New Year bell was about to ring. "With countdown in three languages, Chinese, English and Finnish, the crowd cheered, shouting "happy new year"! Every time he recalls this scene, Wu Shiguang feels overwhelmed with excitement. "That moment was really thrilling!"

The first "Helsinki Chinese New Year" Temple Fair was an instant success, introducing rich Chinese customs to the local audience in a cheerful and festive atmosphere. "It was estimated that 25,000 people participated in the event, which came as a surprise to both China and Finland. After the event, the Helsinki city government proposed that our embassy help establish a mechanism so that the temple fair could be held every year."

"Helsinki Chinese New Year" Temple Fair in the night of Helsinki

"In 2007, Beijing and Helsinki decided to hold the 'Helsinki Chinese New Year' Temple Fair with many concerns and uncertainties, but now the event has been around for 15 years, which is really something to celebrate. The kind of persistence on both sides is to be particularly cherished." Wu Shiguang said, "After 15 years of persistence, the temple fair has become better and better, with a steady rise in the number of participants. Today, in Helsinki, many people anticipate the event every year and word of mouth continues to spread."

In his view, the success of the "Helsinki Chinese New Year" Temple Fair in Helsinki over the years is the result of many factors besides the assistance provided by the Chinese Embassy, which has served as a bridge connecting the two cities.

First and foremost, the activities are empowered by the authentic culture behind Chinese New Year. The joyful, festive and warm cultural atmosphere conveyed by the Chinese New Year Temple Fair and other related activities has been warmly received by Finns. "Finns' love for the original Chinese culture drives the longevity of the activities. The Temple Fair enables local people to immerse themselves in the Chinese way of life during the Spring Festival. It has enriched local people's lives with a new culture, added an international element to Helsinki's urban culture, and enhanced mutual understanding between the two peoples. The event represents a 'win-win' outcome for Beijing and Helsinki. "

In addition, the event is made sustainable by the bilateral cooperation mechanism. The close connection between the City of Helsinki's Cultural Office and the Beijing Municipal Bureau of Culture and Tourism, between Cultural Centre Caisa and Beijing Overseas Cultural Exchanges Center, and between local cultural and artistic institutions, associations and all sectors of society in Helsinki and Beijing, are all crucial for the activities to prosper in the long term.

"With an effective communication mechanism in place, the mutual understanding between Beijing and Helsinki has been deepened, ensuring the high quality and efficiency of the Chinese New Year temple fair. Over the years, we have continued to enrich the activities to deliver a diverse experience for the audience." Wu Shiguang said. A love song in winter written by the people of China and Finland will continue to be sung, so that the festivities of the Chinese New Year can delight more and more people around the world.

"The Event Represents an Important Effort to Shape Helsinki as an International City"

Interviewee: Stuba Nikula

Former Director, Cultural Office (now Culture and Leisure Division), City of Helsinki Currently Managing Director, Helsinki Events

"Finland's 'Helsinki Chinese New Year' Temple Fair belongs not only to overseas Chinese in Helsinki, but also to the many Finns joining the celebration. Such an event fully shows that Helsinki is an open and international city, and a city for everyone," said Stuba Nikula, who has been the director of City of Helsinki's Cultural Office since 2013.

Almost half of the participants at the temple fair were Helsinki locals (2013)

In his view, thc "Helsinki Chinese New Year" Temple Fair has become an important part of local people's life and an important embodiment of Helsinki's internationalization over the past 15 years. According to Mr. Nikula's estimates, the event attracts more than 50,000 people in Helsinki every year, about half of whom are Helsinki natives, and the other half are Chinese and Asian communities among other immigrants. In addition, some students interested in the Chinese language and Chinese culture are also active participants, as Chinese language programs have been adopted by at universities in Helsinki.

Young Finns performing Chinese martial arts on stage (2013)

"People participate not only in the open-air event, but also in a series of related activities. We call them 'satellite events', such as lectures and indoor activities." Mr. Nikula said that the activities have diverse forms and colorful contents, including traditional projects such as temple fairs, ice sculptures and fireworks, as well as performances by art groups such as HAYA in 2020. Diverse experiences of both traditional and modern culture were enjoyed by the audience, and reflected the open spirit of Helsinki, the daughter of the Baltic Sea.

“Finland’s ‘Helsinki Chinese New Year’ Temple Fair has been evolving for so many years, with a steady increase in the number of participants. But its core remains unchanged: it has always been organized by many parties to ensure success, and it is also the result of cultural exchanges and cooperation between Beijing and Helsinki.” Mr. Nikula said that Helsinki, as an open international city, warmly welcomes different cultural ambassadors and hopes to learn from them and find the best way to cooperate with them.

“Different participants have contributed their own strengths and resources.” For example, Mr. Nikula said that in the event, it might be necessary to contact craftsmen or restaurants to supply delicacies. These specific tasks were not all done by the Cultural Office, but instead organized and carried out by different partners. “This is also advantageous for us, because when different participants join, the event becomes more diverse.”

There is also diversity in terms of sponsorship. In the early days of the event, Finnish enterprises such as Finnair and KONE were the main sponsors, and most of these companies hoped to expand their business in the Chinese market by sponsoring the “Helsinki Chinese New Year” Temple Fair in Finland. And then came the Chinese enterprises who prioritized the Finnish market. Stuba Nikula said, “the priorities of different companies change now and then, and the sponsor list changes accordingly.”

Through years of learning on both sides, different parties have found a suitable way of cooperation. Between Helsinki and Beijing, the difference in cultures and working methods no longer presents an obstacle for cooperation. Mr. Nikula said, “Despite cultural differences, we are the same and we can respect and love each other. In a way it is just a part of that cultural exchange.”

The “Helsinki Chinese New Year” Temple Fair is like a training ground, where all participating institutions and individuals have learned and made improvements. After 15 years of practice, the City of Helsinki's Cultural Office has accumulated rich practical experience in planning and organizing cultural exchange activities.

As a “gift in return”, in 2016, City of Helsinki’s Cultural Office held “Moi Helsinki” in Beijing based on the success of the “Helsinki Chinese New Year” Temple Fair activities. It has also become a good example of reciprocity, friendly interaction and joint progress between the two twin cities. "If there is a chance to hold this event again in the future, I believe both sides will be more confident that they can do an even better job." said Mr. Nikula.

The area before the stage was fully packed at the temple fair

Stuba Nikula is even more confident about the future prospects of the "Helsinki Chinese New Year" Temple Fair. He said in jest, "Even if Finland was to organize this event alone in the future, we are confident would be able to do a good job. Of course, without the participation of the Chinese side, it will lack some of its originality which comes from the Chinese program, and it might be a completely different event!"

"Cultural Exchange Brings People Closer to Each Other"

Interviewee: Marianna Kajantie
Former Head of Department, City of Helsinki's Cultural Office (now Culture and Leisure Division)

"Six round trips in the past 46 years and flying 72,000 kilometers, China completely 'ignited my enthusiasm'." Marianna Kajantie said excitedly. In 1974, Marianna Kajantie visited Beijing for the first time and briefly stopped by at Tsinghua University. During the visit, she watched acrobatic performances and learned more about the traditional art behinds these performances. The careful preparation of the performers before going on stage and their hard work during the training sessions impressed her and helped foster her connection with China.

As a government official, Marianna Kajantie was in charge of Finland's "Helsinki Chinese New Year" Temple Fair during her term of office and played an important role in project decision-making. At the same time, she is also the wife of Veli Rosenberg, Chairman of Finland-China Society. "My husband and I like China very much. We have collected a lot of information about Chinese culture, and we often discuss it." Finland's "Helsinki Chinese New Year" Temple Fair launched in 2006, making them both excited and nervous, for it was the first time that they had held such a grand event in Finland's long winter. Marianna admitted that at first, they were not sure about the event and didn't know how it would turn out. They were largely concerned about the outdoor venue and the cold winter weather.

In face of uncertainties, one can only work harder. Marianna and her husband put a lot of effort into preparation. She also encouraged her family and friends to promote the event. When her efforts were repaid with positive feedback, she was so happy that she was lost for words. "They all said that we are doing the right thing. Finland does not have any open-air activities in this season. The Finnish citizens must be very happy and looking forward to performances and activities from an exotic culture."

The first Finnish "Helsinki Chinese New Year" Temple Fair was very successful, and was fully packed—that was Marianna's direct impression. It seemed so crowded that it was almost difficult for everyone to move. But this would not deter the audience from wholeheartedly enjoying the performances, visiting the market, tasting delicious food and watching fireworks shows. "It marked the first time that event had achieved such a high level of success. This was something we didn't expect. It was also very gratifying to think that it would be held as an annual event in the future." Marianna felt that the success of the "Helsinki Chinese New Year" event could not be achieved without the efforts of all parties. At that time, commercial sponsorship was introduced; for example, the fireworks display in the first "Helsinki Chinese New Year" event was sponsored by Finnair, which continued to participate as a sponsor in subsequent events.

Fireworks display (2014)

After more than ten years, Chinese culture has taken root in the hearts of the Finnish people. "For more than ten years, the venue has changed, but the enthusiasm remains unchanged." In Marianna's view, the location has changed three times, in order to accommodate more Finnish audiences. But it has always been held in the city center, which fully reflects the importance given to it by the City of Helsinki.

People's minds can be connected despite cultural differences. Despite the drastic differences between Chinese and Finnish Cultures, many Finns are now celebrating Chinese festivals. Marianna said that her three grandchildren like "Helsinki Chinese New Year" very much. Every year, they visit the food stalls at the temple fair. The children like to eat chicken rolls, spring rolls and all kinds of noodles. They will also buy many traditional Chinese handicrafts. "In my family, there are handicrafts such as rats, pigs and dogs, which have become favorite toys of my grandchildren. We often talk about China in my family, so the children have long wanted to visit the country."

The Chinese food stalls were highly popular at the temple fair (2018)

The stalls of Chinese traditional handicrafts are very popular with Finnish children

Marianna has a gift box at home, which is filled with souvenirs given to her by her Chinese friends. "We will definitely take the children to visit China when we have the opportunity. Although Finland does not have the tradition of giving children lucky money like in China during the Spring Festival, we do prepare Christmas and Easter gifts for children. I think there is a similarity in these two traditions. Gifts or lucky money represent good wishes for children."

Marianna said that the cultural exchanges over the past ten years have also subtly changed the Finnish people. For example, the typical Chinese audience will applaud now and then throughout the performance, but few Finns do that. They will keep quiet throughout the performance. Nowadays, with a better understanding of and familiarity with Chinese culture, prolonged applause from Finnish audience can often be heard at the performance of "Helsinki Chinese New Year" event every year. "The cultural communication between the two countries also brings people closer to each other. Everyone can be the cultural ambassador of his or her own country in cultural communication. Cultural activities like 'Helsinki Chinese New Year' should be institutionalized. Bilateral relations, including diplomatic, city-to-city and non-governmental exchanges, are the cornerstone of cultural exchanges, which will further boost mutual learning between civilizations and people-to-people bonds. "

A Trip to China to Start 50 Years of Chinese Complex

Interviewee: Veli Rosenberg

Former Chairman of Finland-China Society

Veli (Right) is a fan of Chinese culture

In 1970, Veli, a young college student from Finland, went on a trip to China organized by the Finland-China Society. After this trip, he began to develop a keen interest in China and Chinese culture. Of course, he did not know at all that this trip would mark not only the beginning of his connection with China, but also be a key word of his life-long career.

In 1970, Veli began to work as a volunteer at the Finland-China Society, and as an employee in 1974. According to him, the Finland-China Society, established in 1951, is the oldest and uninterrupted Sino-foreign friendship organization in western countries. The Society is committed to organizing people-to-people exchanges and cultural activities related to China, and has developed a partnership with many institutions in China and Finland. The Society and City of Helsinki's Cultural Office have maintained effective cooperation for decades.

Time flies. From his visit to China as a college student to retiring as the chairman of the Finland-China Society, Veli has worked for half a century in the Finland-China Society. From 2007 to 2016, he was responsible for the work of the Society in Finland's "Helsinki Chinese New Year" Temple Fair. He can understand Chinese, is an expert on Chinese culture, and is especially obsessed with Chinese opera, just like an out-and-out super "China hand".

A Finn performing Chinese opera in the event (2009)

As a participant and witness of the first Finnish "Helsinki Chinese New Year" Temple Fair, According to Veli, On July 14, 2006, Helsinki and Beijing signed the Sister City Agreement, which was an important opportunity to organize the event. "This agreement represents a major change in Helsinki's policies on sister cities, because Helsinki was reluctant to establish such relationship with foreign cities before, but after Helsinki Mayor Jussi Pajunen took office, he adopted a new policy on sister-city relations."

Veli speculated that perhaps because Helsinki and Beijing had become sister cities, Ms. Ma Keqing, Ambassador of the Chinese Embassy in finland, asked Cultural Counselor Mr. Wu Shiguang to contact Mr. Pekka Timonen, former director of City of Helsinki's Cultural Office (now Division of Culture and Leisure), and Ms. Marianna Kajantie, deputy director of Helsinki's Cultural Office. Wu Shiguang asked if they would be interested in holding Chinese New Year activities in Helsinki. Marianna then found the Finland-China Society, which was led by Veli at the time.

Later, Veli was invited to attend the meeting of City of Helsinki's Cultural Office. The participants discussed the feasibility of holding Chinese New Year events in Finland. Veli also put forward several suggestions for the event: first, position the event as a two-way project between Helsinki and Beijing, so that Helsinki-related cultural activities can also be held in Beijing; second, make it an annual event strictly in accordance with the time of Chinese Lunar New Year's Eve and Spring Festival; third, the activities should include traditional Chinese temple fairs held in open air, and should be free; fourth, invite Finnish local institutions and overseas Chinese organizations in Finland to prepare activities. "These suggestions have finally become the guidelines for Finland's 'Helsinki Chinese New Year' Temple Fair." Veli said.

On February 17, 2007, the first Finnish "Helsinki Chinese New Year" Temple Fair was successfully held at the Square of the Glass Palace in downtown Helsinki. Since then, the Finland-China Society has been serving as an advisory body for this project and has participated in the preparation and promotion of the event. During the preparatory period of the event, Veli hoped that Helsinki organizations related to China and Chinese culture would also be able to participate. He invited the dragon and lion dance team of Finnish Wushu Kungfu Association and extended an opportunity for them to give a live performance. As a Chinese opera fan, Veli himself actually served as the commentator for Chinese opera performances.

The dragon and lion dance has always been a favorite among the audience since 2007 (2011)

“If you ask me what the Chinese New Year activities have brought to Helsinki over the past 15 years, I think the most important thing is that we have successfully brought the Finnish people and the Chinese people together, so that the Finnish people can experience China’s important traditional festival—Spring Festival—in a happy and peaceful atmosphere.” At the same time, through this activity, the Finnish people have greatly deepened their understanding of China and Chinese culture. “This will also enhance mutual respect and understanding between the two peoples.”

Veli said that he is really happy with the development of the “Helsinki Chinese New Year” Temple Fair in the past 15 years. “It has been able to constantly renew itself and attract a large number of audiences, with ever more professional organization.” Now that Veli has retired, he is very happy to see a new group of young organizers take over the baton to continue this profound, valuable and far-reaching event.

Citizens enjoying the dragon and lion dance at the event (2016)

"The Essence of the Event is Communication between People"

Interviewee: Mikko Puustinen

Incumbent Chairman of Finland-China Society, Former Cultural Counsellor of Finnish Embassy in China

Located at both ends of the Eurasian continent, Beijing and Helsinki are separated by a straight-line distance of more than 6,000 kilometers. Differences in natural conditions, demographic structure, development history and cultural genes have resulted in cultural differences between China and Finland. Finland's "Helsinki Chinese New Year" Temple Fair has been successfully held for 15 years under such cultural differences, attracting more than 50,000 participants every year in a city with a population of only 550,000. This has given validation to the humorous expression circulating the Internet, "There is only one Russia between Finland and China."

"The essence of the event is communication between people." said Mikko Puustinen, one of the organizers of the "Helsinki Chinese New Year" Temple Fair and the incumbent chairman of Finland-China Society.

The Finland-Chinese Society has long been committed to introducing Chinese culture to Finnish people, enhancing exchanges and communication between the two countries, and providing professional advice on Chinese culture regarding the "Helsinki Chinese New Year" Temple Fair.

Mikko Puustinen came to China as a student in 1996 and worked in China for 15 years. He served as the Press and Cultural Counsellor of the Finnish Embassy in China. He also has an elegant Chinese name "Pu Mingrui". As a Finn who worked in China for a long time, Mikko Puustinen has a profound understanding of the similarities and differences between the two cultures.

"No matter what happens, Finns and Chinese do their best to get the job done. Dedication to work is a quality shared by Finnish and Chinese cultures."

Due to the differences in geography and history, the two cultures also have their own characteristics. Finnish culture values individual independence, while Chinese culture values "family" and "collectivism" more. Finns are introverted and low-key, with a culture full of compassion; in contrast, Chinese culture gives people a warm and cheerful impression. "Chinese culture is more colorful and lively." Mr. Puustinen said that the "Helsinki Chinese New Year" Temple Fair displays the differences between the two cultures. Music, dance, Jingju, acrobatics, dragon dance, lion dance, paper-cutting, lanterns, kites, diabolo, etc., all these cultural programs and elements with Chinese characteristics help create a joyful atmosphere during the Spring Festival celebration. "Chinese culture has things that Finnish culture does not have. It is precisely because of the differences between the two cultures that Finns are interested in this event. "

The rich and joyful Chinese culture brought unique experiences for the Finns (2012)

The lively performance of Finland's "localized" Chinese lion dance (2012)

"There are all kinds of people coming to the event, including young people, older people, men, women, Finns, and Chinese. Their interests in Chinese culture might diverge as well." Mr. Puustinen said that everyone's needs are different. Some people want to see programs of traditional culture, while others prefer programs with a modern taste. The diversity of Chinese culture makes this possible. For example, HAYA's debut on the stage of the 2020 event was a great success. Based on Mongolian folk music and incorporating modern elements, the band has gained a large number of fans in Finland. "The performance of HAYA shows the Finnish people the combination of classical and contemporary music elements, and is very much enjoyed by younger audiences." said Mr. Puustinen.

The "Helsinki Chinese New Year" Temple Fair in Finland has been held for 15 years and gradually developed into a signature event of cultural exchange between China and Finland. But at the same time, it also means that the event will need to constantly improve and reinvent itself. Mr. Puustinen said that if more Finns, especially young people, who don't know much about China, can start to learn about and love Chinese culture, this activity will have an even more far-reaching and long-lasting significance. "How to make them interested in Chinese culture is something the Finland-China Society can explore, and this may bring many new possibilities for 'Helsinki Chinese New Year' Temple Fair activities."

The performance of HAYA was welcomed by young Finnish people (2020)

As a matter of fact, efforts towards this end have already started with this event. For example, it staged many traditional cultural programs such as Chinese acrobatics and Jingju for students of the local Finnish-Chinese bilingual school. "We invite them to come and experience this activity, and open the lines of communication. We may need to further such communication as time goes on. How can we engage people who don't know much about China, instead of only those who are already familiar with China? We will need to give this more consideration in the future." said Mr. Puustinen.

The Chinese Festival is Now Celebrated by More and More Finns

Interviewee: Annika Heikinheimo

Manager, Finland-China Society

The success of the "Helsinki Chinese New Year" Temple Fair and its great popularity among the Finnish communities can be attributed to many factors. For one of its organizers, Annika Heikinheimo, the festive atmosphere is the key.

Lively performances, interaction, market stalls, Chinese food, lanterns and lights, ice sculpture and happy participants all create a successful event that appeals to Finns in a winter with few open-air activities, making them fall in love with this Chinese Festival.

"Beautiful Terra-Cotta Warriors" Lantern Show (2015)

"I think food stalls are super popular, as well as all kinds of stalls that have some interactive activities. But of course, the colorful performances attract a lot of people. Children love the lions and dragons, but also Kungfu performances and happy dance performances." This is what Annika has observed at the event. For her, the most unforgettable event is the "Beautiful Terra-Cotta Warriors" lanterns. "The colorful lanterns made with such talent brought special joy and livelihood to the city."

The "Beautiful Terra-Cotta Warriors" Lantern Show brought the "Terra-Cotta Warriors", a representative of the Chinese culture, and colorful lanterns together, and was one of the most popular exhibitions in 2015. "It would be amazing to organize something like that once more." said Annika Heikinheimo.

In fact, creating a festive atmosphere at the temple fair is not an easy job. "It is a big event and we had such a small team, so the working days in the buildup to the event were especially long". As an employee of the Society, her working time is spread between the event and also other responsibilities in the Society.

According to Annika Heikinheimo, Finland-China Society is a non-governmental organization. It is a nationwide friendship association whose purpose is to promote cultural relations between the two countries and spread knowledge of China and Chinese culture in Finland. It organizes all kinds of bilateral exchanges, including mutual visits, lectures, expositions and cultural performances, and supports other bodies in culture exchange by giving advice and sharing knowledge.

When it comes to the "Helsinki Chinese New Year" Temple Fair, the Society maintains the event website, and plans local cultural performances as well as side events including lectures with City of Helsinki's Cultural Office (now Culture and Leisure Division) and Cultural Centre Caisa.

As Annika sees it, the biggest challenge for the "Helsinki Chinese New Year" Temple Fair is still the cold weather in Northern Europe: "We have to consider the weather in many ways: how to make the stage warm enough and how to keep the snow from falling on the stage, and getting more market sellers to attend the temple fair and stand outside in cold weather for 4 hours is also quite challenging." Luckily, even though the weather can be harsh, "we have always had a big crowd of participants, and people find it lovely that there is a colorful outdoor event in the middle of the dark winter."

Large numbers of Finns participated despite the cold weather (2013)

Finnish performers in snowy weather (2013)

The passion of the Chinese colleagues has also made Annika Heikinheimo's job easier. "I feel that Chinese people can make decisions faster than us. They also do everything to try to make our wishes come true." For Chinese performers not used to the harsh weather of Finland, the cold weather has actually brought them special joy.

Despite the challenges in her work, Annika said, "in the end it is all worth it when you see the joy in people's eyes when participating in the event." She believed that the "Helsinki Chinese New Year" Temple Fair owes its great popularity to the festive atmosphere fostered by different enjoyable elements. Such an atmosphere enables the Finns to celebrate together in the long winter.

Surprisingly, the appeal of the Chinese festival has gone beyond the event itself and entered the homes of many locals. According to Annika's observation, Finnish people not only participated in the "Helsinki Chinese New Year" activities, but also began to celebrate the Chinese New Year in their homes and schools. Many people even contacted Annika and asked her how to celebrate other traditional Chinese festivals besides the Spring Festival, such as the Mid-Autumn Festival. Some have started to organize their own small events and traditions, such as eating at a Chinese restaurant with close friends and family during Chinese holidays.

The Chinese Festival is now celebrated by more and more Finns. This is a great tribute to the hard work of organizers like Annika Heikinheimo. "I like to think that the festival played a role in the new found enthusiasm we are seeing towards the Chinese festivals."

It is the Responsibility of Overseas Chinese to Spread Chinese Culture

Interviewee: Luo Weiren

Honorary Chairman of Finnish Chinese Association

Luo Weiren has lived in Finland for more than 40 years and participated in the preparation of several Finnish "Helsinki Chinese New Year" Temple Fairs. In his view, "In the cold winter, it is very rare for both Chinese and Finns to have such a large and colorful open-air event."

Luo Weiren came to Helsinki, Finland in as early as 1977, working in the catering industry. When he first arrived in Helsinki, few Chinese people could be seen in the streets, and Chinese culture was very mysterious in the eyes of Finns. Later, China started "reform and opening up", and more and more Chinese people settled in Finland. As a result, Finnish people started to know more about China. The holding of "Helsinki Chinese New Year" Temple Fair year after year has sped up the cultural exchanges between the two countries.

Chinese food at the temple fair (2008)

After the "Helsinki Chinese New Year" Temple Fair came to Helsinki, Luo Weiren, who has run a Chinese restaurant for many years, took part in organizing the food section at the event, taking the opportunity to introduce Chinese cuisine to Finns.

The Chinese food stalls were very popular (2019)

At the beginning of the activity, there were many difficulties. Chinese food, which is popular in the East, may not be readily acceptable among Finns. How to choose the right type of restaurant and the right type of food was a difficult question facing Luo Weiren at the time. They should reflect the characteristics of Chinese culture, while strictly conforming to the regulations of local health authorities, which must be given full considerations. "Food must be processed in the restaurant before it can be taken to the event site; uncooked food is not allowed at the event; after arriving at the event, the food should be kept above 60℃..."

Fortunately, after repeated communication and coordination, popular Chinese dishes were finally able to make their debut at the "Helsinki Chinese New Year" Temple Fair in Finland, bringing with them interesting cultural stories.

“There were a lot of people at the temple fair, everyone was waiting in line, and the food was sold out very soon. Fried dumplings, noodles, fried rice...the Finns just love them.” Luo Weiren said that though many Finns have yet to develop a deeper understanding of Chinese cuisine, they enjoy Chinese food very much.

Nowadays, more and more Finns are learning Chinese. They enjoy Chinese food and like Chinese culture. This also makes Luo Weiren further realize the significance of Sino-Finnish cultural exchanges. “You must be unique. The choice of cultural performances should be diversified, and it is necessary to understand which aspects Finns are more interested in.”

Now that Luo Weiren has retired, he still follows the annual “Helsinki Chinese New Year” Temple Fair with great interest. “Tell Chinese stories well and spread Chinese culture. I think this is the responsibility of every overseas Chinese.” In his vision, the “Helsinki Chinese New Year” Temple Fair will take root in the beautiful country of Finland, much like he did 40 years ago, and hopefully become a legal holiday in Finland.

"It Was Like a Dream Job!"

Interviewee: Rissanen Johanna

Producer, Cultural Centre Caisa, City of Helsinki

The "Helsinki Chinese New Year" Temple Fair has already enjoyed 15 years of celebrations in Finland. Rissanen Johanna, a staff member at Cultural Centre Caisa in Helsinki, has been personally involved in the event since its inception in 2007.

At the end of 2006, Rissanen Johanna had just started her career after graduating from the University of Helsinki. She majored in East-Asian Studies, focusing primarily on Chinese culture. When she was asked to participate in the preparation of the first "Helsinki Chinese New Year" Temple Fair, she was very excited, because it happened to be related to her major. "It was like a dream job! It was a big project, involving a lot of teamwork, so it was a great opportunity for me to learn."

Happy as she was, she was also a little nervous, because after all, it was the first time to hold such a big event, and no one knew what it would be like. "If I had known in advance that this activity would be so successful and welcomed by so many, I would not have been so nervous and anxious at the time," she laughed.

Preparation for the "Helsinki Chinese New Year" Temple Fair starts in September every year. The workload for the event intensifies in November, Booking venues for the event is the first thing, because the event is held in the center of Helsinki, and most of the venues there are in great demand. So, it is important to make the reservations early.

Then, Johanna's team began to communicate with various partners. "This is the most time-consuming and important part. Finland-China Society, Finnish Chinese Association, sponsors, and stakeholders, such as the local Chinese school, photography team, and partners in Beijing... We have to connect with many people and institutions, discuss, conceive ideas for the activities, and manage budgets. There are also more specific tasks, such as advertising and debugging technical equipment." However, Johanna finds the seemingly tedious work very interesting.

The winter weather in Helsinki is difficult to predict. It may be extremely cold, rainy, snowy or even stormy, which brings unexpected variables to an open-air event such as the "Helsinki Chinese New Year" Temple Fair. Johanna said that they must be prepared to deal with extreme weather conditions and keep things running during the bad weather. "However, over the years, there has been no extreme weather during Chinese New Year activities. Once, it rained, the visitors shivered in the cold with wet clothes. Fortunately, the activity took place in the city center. This means everyone can go indoors to warm up and dry up their clothes, and then come out again to enjoy the performances and food."

Opera performers in the "Helsinki Chinese New Year" Temple Fair (2012)

Every October and November, Johanna would come to Beijing to select performances for the event. Despite a tight schedule, she enjoys the annual trip very much as autumn is the most pleasant season in Beijing. There is not a fixed number of performances each year, so Johanna and her colleagues would watch more than ten programs in advance. Johanna never worries about the quality of the program, because they have formed a close partnership with Beijing, and have developed great trust in the Beijing team responsible for the program.

However, she admits that performances need to keep a balance between tradition and innovation. "Helsinki audiences like tradition, and they want to see familiar programs every year, such as the dragon and lion dance. But we still want something new every time, so as to keep a sense of novelty. We like to keep an open mind, and give the audience a little surprise, while at the same time giving them something familiar. Personally, I think because audiences watch the outdoor performances from a distance, it would be better to have more dancers, with cheerful music, colorful costumes and festive atmosphere. This way even those watching at a distance still get a chance to feel the appeal of art. That's why I always aim to have group dances."

The promotion of the first event mainly used traditional means such as handing out leaflets and putting up posters. Johanna and her colleagues even mobilized their relatives and friends to help with promotion. "We invited the best performance team all the way from Beijing. What if no one came? In the end, we were very lucky. People received our messages and came to the event. Some even took an hour and a half by train to come from another city." In recent years, Johanna has focused on using social networks to promote the temple fair in Finland.

Female players were particularly eye-catching in the Finnish dragon dance

Temple fairs are an important part of the event. Each year, the event features 15 to 30 projects, 5 to 10 of which are comprised of food stalls. According to Johanna, the relevance to China is a primary consideration when they select temple fair projects. And there will be no irrelevant candy stalls at temple fairs. “Snacks are always the most popular, especially seasonal snacks during the Spring Festival, which are usually quite difficult to find in Finnish restaurants. They are always a big attraction, because normally these things can be found only if you go to China, but now people can get them at temple fairs. Some handicrafts and souvenirs are also very popular, especially Zodiac toys and figurines. The children love them. ”

Normally, there would be a special event for children on the morning of the event. Organizers will send invitations to all day-care institutions and kindergartens in the city, and thousands of children attend the event every year. This is Johanna’s favorite part of the whole activity. “Seeing so many children get together with smiling faces, some shouting with excitement, and some jumping high to keep warm, it is truly lovely.” Some of them are Chinese children adopted by Finnish families. For these families, it is very important for their children to maintain a connection with China, so they come to the event every year to celebrate the Chinese New Year.

In the past 15 years, the “Helsinki Chinese New Year” Temple Fair has received support from many organizations. Johanna said that Helsinki had no direct contact with Beijing when preparing for the first event, so the Chinese Embassy in Finland played a key role, not only with the preparations for the event, but also in helping Helsinki establish contact with Beijing.

“The Finland-China Society is not only our partner, but one of the organizers of the event. They have played a crucial role since the first edition.” Johanna said, “Over the years, the Finland-China Society has always taken part in making major decisions, providing many good suggestions and ideas.”

In addition, many other important partners contributed to the preparations, including the Chinese Association, which helped prepare the temple fairs, find restoration projects and organise dragon and lion dances. As for the sponsors, I am very grateful to Finnair, KONE and the Finnish government for their long-term support for the event.

Children from Helsinki's Kindergartens visited the "Beautiful Terra-Cotta warriors lanterns"

Lovely Finnish kids in children's special activity

Looking to the future, Johanna said that she hopes to keep this tradition, while adding various new elements. "Together with our partners in Beijing, we hope to bring more interesting things to the people of this city, so that the event can stay alive and continue for many more years ahead. This is our mission! "

"It is all Worth it to Give Up the Opportunity to Reunite with Our Family!"

Narrators:

Members of Xuanwu District Cultural Performance Group

"We had a special Spring Festival in Finland and did our best to present Chinese traditional culture to the Finnish public. Whilst we miss our families during this festive period, it has all been worthwhile to showcase traditional Chinese culture." In February, 2008, the Xuanwu District Cultural Performance Group, composed of 32 members, came to Finland, a beautiful country of thousands of lakes in Northern Europe, for the "Happy Spring Festival" Temple Fair.

Performers from China

The performances were held in Helsinki, Tampere and Kuopio. The 6-day performance tour, which exhibited a total of 17 performances, was widely commended by Chinese, overseas Chinese, overseas students and the local communities. The performances also gained visibility in local media. *Helsingin Sanomat*, the most influential newspaper in Helsinki, reported extensively on the event for several consecutive days.

After returning home, the actors summarized their feelings towards the performance as follows:

"People didn't believe that children could understand our program, and thought they only attended because their teachers arranged the visit. But as soon as the lion dancers made their way on stage, the audience greeted the performance with a loud cheer. The cheer of teachers and children was so loud that the music could barely be heard. As the venue was wet and slippery, some difficult moves had to be omitted from the performance. But the performers were so touched by the fervor of the audience that they still performed difficult stunts such as on-head turning, side somersault and waist-rotating, jumping off from the 1.5-meter-high stage to interact with the children at a close distance, pushing the performance to its climax and contributing to the overall success of the event."

Finnish audience taking pictures of the wonderful dragon dance performance

"It snowed that day and the stage was very slippery, but our excellent performances and dazzling skills garnered a warm applause from the audience. We also broke through the limit of physical strength. On that day alone, nine of us gave 13 performances including Kungfu, lion dance and donkey dance. We spent the last hours of the New Year's Eve changing costumes and going from one performance to another. In China, it was the time to celebrate with our families and eat New Year's Eve Dinner. Physically exhausted as we were, we felt so proud to present our culture to the Finnish people, and completed the performance tasks on that most important day, conveying to the audience messages of profound friendship from the Chinese people. "

"It was snowing and very cold, however the performers still wore thin costumes to ensure the aesthetic quality of performance. During the donkey dance, a performer slipped and fell over. His clothes were soaked with water, but he went on with the performance, making the audience feel as if it was intentional. The performance was greeted with warm applause. After the performer came off, we found tears swirling in his eyes. It was only then that we found his legs were bruised. As the team leader, I felt my heart ache. But to make the performance a success and out of respect for our audience, we overcame all these difficulties. Ultimately the performance was a great success. "

These words spoken from the bottom of their hearts recorded the wonderful and touching moments of the "Helsinki Chinese New Year" Temple Fair event.

Moments like these will always stay in memory. The events in 2007 and 2008 left deep impression on the local people. When Helsinki Mayor Jussi Pajunen attended the opening ceremony of the Beijing Olympic Games, he once again expressed to Guo Jinlong, then mayor of Beijing, his hope for Beijing to continue to support the Chinese New Year activities in 2009. Mayor Guo happily expressed his support.

From January 22 to 30, 2009, a 43-member performance troupe composed of Beijing No.2 Middle School Dance Troupe and China Puppet Art Theatre Co., Ltd. performed in Tallinn and Helsinki for the 2009 Chinese New Year celebrations. The troupe gave seven performances in Tallinn and Helsinki, including two large performances and five smaller ones. The actors overcame harsh conditions such as heavy snow, low temperatures and slippery stage, amazed tens of thousands of spectators, and brought a happy and peaceful Chinese Year of the Ox to Helsinki citizens and local Chinese alike.

In the two large outdoor performances, which lasted for 4 hours on 24th and 25th, the performers stunned the audience with enthusiastic performances of martial arts, lion dance, and puppet show. They carried out these performances in the face of heavy snow, extremely low temperatures and a slippery stage.

Beijing are Helsinki, two cities closely connected to each other, bear witness to the deep friendship between China and Finland through cultural exchanges.

"Let Jingju Shine in Finland"

Interviewee: Liu Tong

President of Jingju Theater Company of Beijing

2010 marks the 60th year of diplomatic ties between China and Finland, which dates back to 1950, the Year of the Tiger. Since then, every Year of the Tiger has been a year of progress and deepened cooperation for Sino-Finnish relationship. The 2010 "Helsinki Chinese New Year" Temple Fair gained new significance against this backdrop.

The Jingju Theater Company of Beijing selected outstanding young performers from the Youth League and formed a performance team of 28 members. They went on a performance tour to Helsinki and Oulu from February 10 to 16 for the "Helsinki Chinese New Year" Temple Fair, in addition to giving special performances for school children.

On the morning of February 11th, in the auditorium of Meilahden primary school (bilingual, Finnish and Chinese), the troupe gave two Jingju performances for primary and middle school students from a wide variety of different ethnic backgrounds. A collection of excerpts of classical Chinese opera incorporate a wide range of attractive movements for the performance. The overall set performance was specially arranged by the Jingju Theater Company of Beijing for the trip to Finland to demonstrate the many artistic techniques and style of Jingju.

"On that day, the auditorium, which was designed to accommodate 300 people, was packed with 400 students." Liu Tong recalled that the outstanding young performers Zhang Shujing, Li Yang, Tan Zhengyan, Dou Xiaoxuan, Zhan Lei, Li Dan and Yu Shuai, all appeared on stage. "On the stage, they delighted the audience with different Jingju techniques including singing, acting, dancing and martial arts. The children watched with great interest and were especially drawn to the gorgeous costumes, brilliant singing styles, and skillful movements. After the performance, the children asked all kinds of questions, which shows just how much they were interested in Chinese culture and Jingju in particular. "

The opera performance attracted many Finnish audiences

Opera performance (2010)

Opera performance "Fork in the Road"

In the evening, the "Spring Festival Gala" held by the Finnish Chinese Chamber of Commerce in Cultural Centre Caisa also impressed Liu Tong deeply. "The main program was Jingju. We were surprised to find that aside from our performers from Beijing, there were also two local Finnish boys performing Jingju. They actually performed the full version of "Fork in the Road". The two yellow-haired boys showed great skill with their on-stage performance. It turns out that the two had received short-term training at the Chinese Opera Academy and were Jingju enthusiasts. Jingju lovers from around the world are like family. We hope they can spread Jingju culture among more Finns, so that this unique art may take root and flourish in the land of Northern Europe. "

On the afternoon of February 13th (Chinese Lunar New Year's Eve), the Square of the Glass Palace in the center of Helsinki was packed. The opening performance of Wusheng (male martial role) on the open-air stage got the "Helsinki Chinese New Year" Temple Fair off to a great start.

During the 4-hour open-air performance, with piercing cold wind in a temperature reaching below minus 10 degrees, the performers, while wearing thin costumes but brimming with passion, presented one wonderful program after another. Speech, song, dance and combat, all kinds of stylized acting were performed to a long applause and cheers from the audience. A Finnish audience member who has lived in China for eight years said that he loved Jingju very much, but never thought he could see such a high-quality performance in the streets of Helsinki.

"The troupe gave more than 10 performances during its trip to Finland. The average age of the performers, who were carefully selected by the theater, was only 27 years old. They overcame many difficulties in terms of weather, food, accommodation and language barriers, just to name a few, to present high-quality performances. Every minute of this week is still fresh in my memory." Liu Dong said with deep emotion.

In his view, every one participating in the performance is a messenger of Sino-Finnish cultural exchange and a disseminator of Chinese Jingju culture, and so is each program, which together have added to the glory of an uniquely Chinese artform.

◆ Attachment: Liu Tong's Diary (Excerpt)

February 12, 2010 (Helsinki time), Light Snow Early / Overcast Late

Our hotel is located in the center of the city. Across the road is a classical

Nordic building, the famous Cultural Centre Caisa. On the third day, the performance was held in the theater on the second floor of the building, and two Jingju performances were performed for primary school and kindergarten children respectively. When the children entered, some of them were carried by the teachers and put on seats with their feet high above the ground.

I once had my doubts about whether such young children would be able to enjoy the complex Jingju performances. But the children watched the two performances with great interest. After the performance, the organizer arranged a Q&A session. The children rushed to the stage to ask the performers questions and were eager to learn about how to play "Monkey King" in Jingju.

After the performances for children, I gave a lot of thought to Jingju and performing arts. I realized that Jingju and art in general have no borders. As a Chinese saying goes, national culture is a global asset. Everyone is able to appreciate Jingju, as long as they are willing and have the opportunity to do so. Communicating face-to-face with Finnish children is so meaningful because it sows the seeds of Chinese art in their young hearts, leaving with them a good impression of China. Thinking of that, no matter how hard and tiring the trip is, it's all worth it!

February 13, 2010 (Helsinki time), Overcast / Light Snow

Today is China's New Year's Eve. The last day of the Year of the Ox. It marks the fourth day since our arrival in Finland.

Today, we took part in the open-air performance of the 4th "Chinese New Year Temple Fair" in Helsinki, which is also the main event of our itinerary. We now faced the biggest test to date. The highest temperature in Helsinki during the day was minus 15 degrees, while the wind reached Grade Three or Four. Today, more than 50,000 Finns and Chinese came to the Square of the Glass Palace in downtown Helsinki to attend the temple fair. Our 4-hour performance was divided into six parts. The City of Helsinki has made a lot of efforts to improve the conditions onstage and backstage, helping us keep warm and providing us with a lounge, meals and drinking water. But still, team leader Wang Zhaohui (formerly vice chairman of the Trade Union of Beijing Municipal Bureau of Culture) and I felt somewhat anxious. We could feel our hands being bitten by the cold wind while taking photos in the square. And yet the performers had to jump and fight on stage in thin clothes!

The Square of the Glass Palace was packed. The local Chinese Chamber of Commerce had put up many temporary tents as stalls to sell Chinese commodities and snacks. The new year atmosphere here was very "Chinese". A make-shift theater was set up at one end of the square for the performances. The curtain fluttered in the strong wind. The staff debugging the equipment and recording the programs in TV stations wrapped themselves tightly in thick cotton-padded clothes.

At 2:20 p.m. (8:20 p.m. Beijing time), the 4th Finnish "Helsinki Chinese New Year" Temple Fair kicked off with an exciting opening performance of Jingju martial arts. The programs in Jingju "Glamour" were presented one after another, with all the performers making their appearance on stage. The performers gave each performance their best despite the cold weather and their thin attire. Many of them found their fingers became stiff from the cold after a show. However, they encouraged and supported each other and kept going, delighting the audience with unique techniques of Jingju, i.e., song, speech, acting, dance and combat, and were greeted with prolonged applause and cheers from the audience.

At 6: 00 p.m., that is, 12: 00 p.m. Beijing Time, the performance reached its climax. The bell rang in the live broadcast of CCTV Spring Festival Gala on the big screen, ringing in the Year of the Tiger! We felt so proud that we were able to present Chinese culture here, and so happy to see its strong presence in Finland.

In fact, everyone gets homesick. As the Chinese saying goes, on festive occasions more than ever one thinks of their loved one's far away. The average age of the performers of our troupe is 27 years old. Several of them are children under 20. For many of them, it's their first time to travel to such a distant land, and their first time celebrating the Spring Festival without their family.

"National Culture, When Presented in a Way that could be Understood by Others, is a Global Asset."

Interviewee: Song Yan

National First-grade Actor, Beijing Fenglei Peking Opera Troupe

Among the 28 tents, some provided consulting on Chinese language learning, some displayed and sold souvenirs with Chinese characteristics and traditional Chinese snacks, and some featured Chinese acupuncture, cupping and Chinese martial arts...

At 4:00 p.m. on February 2, 2011, Finland's "Helsinki Chinese New Year" Temple Fair opened in the Square of the Glass Palace in downtown Helsinki. The 28 tents caught the eyes of many people. At the same time, on the makeshift stage, the performers of Jingju, acrobatics and dance presented by Beijing Fenglei Peking Opera Troupe delighted local communities with excellent programs in spite of the chilly weather.

During their stay in Finland, the troupe also gave two performances for the students of Meilahden school, the only bilingual school with Chinese and Finnish in Finland. Among them, Jingju "Nao Long Gong (Uproar in the Dragon Palace)" was especially popular. Song Yan played Monkey King Sun Wukong in the play. "When I am on the stage, I can feel the audience's passion. They seem to be no strangers to Jingju, but instead deeply appreciate the pleasure of it."

From the trip to Helsinki, Song Yan developed his own understanding about international cultural exchange activities including the "Helsinki Chinese New Year" event. "In the early years, when we presented Chinese culture to the local communities, they just came to watch for fun, but in recent years, many of them have begun to ask for more in terms of the quality of programs.

We have also noticed that they have taken an interest in the culture behind the performances." said Song Yan.

Dance performers warmly interacting with Finnish children

With this trend, the introduction of Chinese culture to overseas audience needs to focus on both "style" and "quality". In Song Yan's words, "it is important for the activities to give a sense of ceremony, while at the same time explore different ways to communicate the essence of Chinese culture. "

According to his personal experience, holding thematic lectures may be a good idea. He had the experience of explaining how to appreciate Jingju in a lecture. For example, on the stage, when the performer holds a whip, the whip represents the horse he intends to saddle. The audience, old and young, listened intently and asked various in-depth questions.

In addition, Song Yan suggested organizing more interactive cultural exchanges. For example, before the performance, invite the audience to try sketching Jingju facial makeup and give them relevant knowledge: red-painted face is used to symbolize loyalty; yellow, brutality; black, blind devotion; powdery white, cunningness... "Such efforts will offer the audience a chance to engage in meaningful interaction with the performers, and it will also give them an opportunity to understand the real Jingju culture."

"We always say that national culture is a global asset. This is only partially true. A better way to put it would be 'national culture, when presented in a way that could be understood by others, is a global asset', as cultural exchanges will only be effective if people can understand each other". This is Song Yan's genuine feeling, something he realized after years of participating in cultural exchange activities.

The "Helsinki Chinese New Year" Temple Fair has been held for 15 years, establishing a brand image and becoming a highly anticipated event for many local residents. Song Yan expressed his unique views on how to further develop its brand image in the future by proposing the concept of targeted cultural exchange.

"The contents of cultural exchange should be adapted to the aesthetic preferences and real needs of audiences in different countries and regions." Song Yan said that in addition to popular contents, there should also be contents that reflect theater culture in their authentic forms, such as Jingju. Earlier on we presented a few scenes of Jingju to demonstrate its charms in a limited time frame. As foreign audiences have gained a deeper understanding of Chinese Jingju in recent years, we may consider presenting relatively complete performances with a full plot. In addition, we may want to diversify the art forms, such as small dramas incorporating both Chinese traditional culture and contemporary artistic styles. It would be even better if they could adapt to local cultural contexts.

"We could empower cultural exchanges by organizing events based on these three key considerations." In addition, in his view, a market-driven approach should be adopted. "Valuable things always have a market, warranting market-based operations."

Chapter 2 Development

Telling the Chinese Story for Maximum Effect on the World Stage

In Helsinki, the New Year fireworks show at the end of the "Helsinki Chinese New Year" Temple Fair is a special bonus specific to the Chinese New Year, and not available in other local events. "Now we have taken the Year of China as one of our traditional festivals." Such has been the voice from the local people in Helsinki.

Since 2010, in a bid to further develop signature events to make the voice of mainstream Chinese culture heard around the world, overseas Chinese New Year events have been increasingly coordinated among different organizers, such as central and local governments and between ministries and cities. The Ministry of Culture (now Ministry of Culture and Tourism), together with the Ministry of Foreign Affairs, the Ministry of Education, the State Administration of Radio, Film and Television, the Overseas Chinese Affairs Office of the State Council and other departments, selected more than 60 "Helsinki Chinese New Year" projects from more than 20 provinces, autonomous regions and municipalities directly under the Central Government on a tour of more than 40 countries and regions under the theme of "Helsinki Chinese New Year for a Harmonious World".

Under the overall coordination of the Ministry of Culture, Beijing has put forward higher requirements and expectations for Finland's "Helsinki Chinese New Year" Temple Fair, that is, to scale it as a regular signature event, while making innovative attempts to develop it in an institutionalized, localized and market-driven way.

"What Is Local Can Also Be Global"

Interviewee: Ge Ri Le Tu
Party Secretary, School of Chinese Ethnic Minority Languages and Literatures, Minzu University of China

On New Year's Eve on February 9, 2013, when CCTV's Spring Festival Gala kicked off, a grand "Helsinki Chinese New Year" Temple Fair was held in Helsinki, the "White City of the North".

The 2013 Spring Festival was unforgettable for Party Secretary Ge Ri Le Tu, as well as the for the 20 teachers and students from the dance department of the School of Chinese Ethnic Minority Languages and Literatures of Minzu University of China, as they witnessed a stunning performances against the backdrop of the falling snow in Helsinki.

Lion Dance Team amid falling snow (2013)

Heavy snow fell in Finland, with festive red lanterns hanging high in the Square of the Glass Palace, and Chinese red could be seen everywhere in this silvery white world. Half an hour before the start of the main event, local martial arts enthusiasts twirled two 18-meter long dragons and four lions along the main road of the city. A number of businesses tied red envelopes to their entrances according to Chinese traditions, waiting for the lions to come and snatch them. The dragon and lion dance teams attracted huge crowds to the Square of the Glass Palace. The lively scene created the false impression that this was a temple fair in Beijing, as everyone was fully immersed in a Chinese New Year atmosphere.

The performance began with Dai ethnic dance "Water Town". As the heavy snow had been falling for more than an hour, the carpet on the stage was already soaked, and the performers' shoes got wet as soon as they came on stage. The fact that the Dai costumes left their arms and waist bare added to the chill. Yu Menglu and her partner, who performed the dance "Encounter", even had to kneel or lie on the cold stage. However, as could be seen in the close-up on the big screen, they performed every movement with the utmost attention to detail and a smile on their faces.

Dancing in extreme cold (2013)

As a top dance academy in China, the College of Dance of Minzu University of China excels particularly at ethnic dance and is the cradle of ethnic dancers, with an excellent and constantly updated repertoire. Ge Ri Le Tu said that after receiving the performing task, the teachers and students took time to rehearse during the winter holiday. The choice of programs was not too big a challenge, as the college had a repertoire of 120 works ready to perform. In the end, they prepared more than a dozen programs for the performance, including Dai, Uygur and Mongolian dances.

The College of Dance of Minzu University of China was often invited on performance tours overseas, which were warmly received by friends from all over the world. However, this time it was different. First, they experienced a difficult journey: due to the long and inconvenient travel, they had to change flight in Moscow after departing from Beijing. Worse still, they waited 12 hours at Moscow Airport before finally flying to Finland.

After arriving in Finland, they found that compared with the cold weather there, the hardships of the journey were nothing at all. "We have been to many countries before, and many team members had the experience of performing on a square, but all in summer." Ge Ri Le Tu had a deep memory of the heavy snow in Finland. "The snow was so heavy in a chilly weather." He clearly remembers that in the rehearsals, the students in thin costumes shivered with cold. "There was a girl performing in a special Dai costume with exposed arms and legs. Many jumping movements had to be done on the stage. But as soon as she came on stage, the vigor and energy were suddenly all back. She performed all kinds of highly demanding movements that were truly impressive." It was also an unforgettable experience for the artists performing in such a freezing environment.

In such a snowy and wintry weather, however, these dancers from the East still felt warm and gratified. "I don't know if the local people understand Chinese dance, but dance is a language that transcends words. I think they could feel what we wanted to express, but the way in which it is expressed maybe unfamiliar." When Ge Ri Le Tu saw tens of thousands of Finnish local people braving heavy snow to participate in this four-hour activity, he firmly believed that the audience understood their "language without words". "This is the charm of Chinese traditional culture. What is local can also be global!"

In Ge Ri Le Tu's view, diversified cultural exchanges can enable foreigners to understand Chinese people from another perspective. Chinese culture is not just about Chinese Kung Fu, but also dance, music, intangible cultural heritage, and so much more. "Local people, seeing these with their own eyes, will gain a direct experience of Chinese culture." He believed that Chinese students, having performed in the cultural tour in Finland, would also study dance with greater passion for Chinese culture. "They would use their body and mind to express their love for national culture, which would in turn add to the expressiveness of their performance!"

"Cultural Messengers" from Beijing's Middle Schools

Interviewees:

Zhang Wei, Teacher of Beijing Yuying Middle School

Zhou Qi, Teacher of The High School Affiliated to University of Science & Technology Beijing

Wang Chunfeng, General Manager of Beijing Shiji Huaxin International Education and Cultural Exchange Center

From its early days as an experiment to the current annual event, the 15-year history of the "Helsinki Chinese New Year" Temple Fair in Finland provides an example of Chinese culture "going out", bringing Chinese culture into the life of the local communities in its diverse forms in a sustainable way. In this process, everyone is rightfully a cultural messenger, including a group of young middle school students from Beijing.

Visiting student representatives from Beijing Yuying Middle School

Since 2014, at the invitation of Beijing Municipal Bureau of Culture (now Beijing Municipal Bureau of Culture and Tourism), Beijing Yuying Middle School and The High School Affiliated to University of Science & Technology Beijing have jointly organized the annual "Helsinki Chinese New Year" tour in Finland. "These two schools already had connections with Finland in the past," said Wang Chunfeng, head of Beijing Shiji Huaxin International Educational and Cultural Exchange Center, who is in charge of the cooperation. Since 2008, the two schools have sent students to Finland every year for educational exchanges.

Building on past educational exchanges, it is really a valuable opportunity for them to participate in such large-scale and high-level foreign affairs exchanges. "The popularity of the Temple Fair in Helsinki also boosted the students' pride in their own national culture." said Zhou Qi, a teacher from The High School Affiliated to University of Science & Technology Beijing.

Many middle school students apply every year, but only about 50 of them are lucky enough to be selected. The school will select applicants based on their language competence, and cultural and artistic skills.

Zhang Wei, Teacher of Beijing Yuying Middle School, said that it is very important for students to be able to communicate freely in English if they plan to stay in Finnish families or participate in the "Helsinki Chinese New Year" event as part of the exchange. "As students need to present Chinese traditional culture to the Finnish people, their language skills are certainly vital to communication. Secondly, it is important for them to have certain cultural and artistic specialties, such as calligraphy, musical instruments, and dance. After all, this is a prestigious cultural exchange event."

In 2018, Zhang Wei took a group of children to Helsinki. The preparations for the event that year are still fresh in her memory. "The first step was data collection; the students were divided into three groups: the first group studied Finnish traditions and customs, the second group studied the local culture, and the third collected information about the school's role in previous events. Through this process, the children gained a deeper understanding of Finnish and Chinese cultures. "

Zhang Wei said she was so touched on the day of the event, "there was a sea of people in the square, and suddenly the crowd burst into cheers. It turned out to be the countdown to Chinese New Year's Eve, which was synchronized with the

CCTV Spring Festival Gala in China. At that time, the outdoor temperature in Helsinki was very low, but it did not dampen people's spirit at all."

To help the children stay warm, the teachers divided them into three groups, so that when one group worked, the other groups could wait in street shops and stay warm. To the teachers' surprise, none of the children were willing to leave their posts.

"There was a big crowd in front of our tent, and the children were kept busy, and yet none of them were willing to go indoors to warm up! They said to me, 'Miss Zhang, let me stay, this is so exciting." Zhang Wei recalled, "children playing folk music found their fingers stiff with cold, but insisted on continuing. Some students who used to be shy suddenly became talkative with the Finnish visitors around."

In Zhang Wei's view, the students, instead of giving just a performance, were also facilitators of cultural interaction, such as writing Spring Festival couplets[①] with the local people, drawing facial makeup patterns on fans and making Chinese knots through a hands-on demonstration. Thanks to the sound preparations made before they came to Helsinki, the students were all able to handle these tasks with ease.

That year, Zhang Wei was deeply impressed by a host at the event, a junior high school girl. She single-handedly took on nearly one and a half hours of hosting, and even more preparatory work including script writing, program data collection, Chinese-English translation, and proofreading.

"Introducing Chinese traditional culture overseas often requires special knowledge, such as ancient poems and opera names. It is difficult for adults to translate these, not to mention that she was still a junior high school student." Zhang Wei said that the girl had managed to handle the task after searching for information, and consulting teachers and experts. "The children realized that they were responsible for spreading Chinese culture and did their best."

---

① Translator's Note: The Spring Couplets (*Chun Lian)* are generally composed of two lines of poetry with auspicious meanings. During the Spring Festival period every year, Chinese families handpick a pair of Spring Festival couplets to paste on their doors, adding some joyous atmosphere to the festival. The lines, written on red paper, rhyme with each other and are of the same length. They are generally posted vertically, with the first one on the right and the second one on the left. Some couplets also have a top scroll.

A student showing local visitors how to draw on a Chinese lantern

A student in Chinese zodiac costume talking with Finnish visitors

Like Zhang Wei, Wang Chunfeng, who has participated in the "Helsinki Chinese New Year" Temple Fair in Finland for 7 years, also appreciated the children's performance, with many unforgettable scenes and moments still fresh in his memory. "I remember that there was a very shy Finnish girl, but you could see in her eyes that she wanted to have a try. Her mother encouraged her to have a try with other children. When she made her very own Chinese knot, her excitement and joy were beyond words. After the children told her the meaning of Chinese Spring Festival couplets, A Finnish mother said that when she went back home, she would paste the couplets on her door and tell her neighbors that it was a gift from China."

By being cultural messengers in this event, the children have improved their personal skills and broadened their horizons, and more importantly, developed a sense of pride in Chinese national culture. Their personal involvement in such an event is a precious life experience. "When the children left Helsinki, they were reluctant to part with the families that received them, and many of them burst into tears. The sincere feelings between people are part and parcel of cultural exchanges," said Zhang Wei.

For the interview's sake, Zhang Wei contacted the students visiting Helsinki two years ago. The children sent her messages one after another: "At the 'Helsinki Chinese New Year' Temple Fair, we set up our own tent, made paper cuts, wrote calligraphy, and played and communicated with many local children. We had so much fun." "I took part in folk music performance. I felt proud to bring Chinese traditional folk music to Finland and help Finnish children experience its beauty. It was an honor!"

The children's words have become the most vivid annotations of those good times. These personal experiences in the event have stirred the hearts of these young cultural messengers. Isn't this what the "Helsinki Chinese New Year" Temple Fair is all about?

The seemingly unobtrusive role of culture in bilateral exchanges can only be felt over time, and is sure to promote mutual learning between civilizations.

◆ Attached:

I led a delegation to the 2014 "Helsinki Chinese New Year" Temple Fair in Helsinki. Probably because of the Atlantic Warm Current, it was not as cold as my friends have previously told me. On an open square near the bustling commercial center, a dozen programs including martial arts, folk dance, folk music and songs were ready to be performed. Helsinki has a low population density, but the square was packed with people who came to watch the performance that day, creating a warm and friendly atmosphere.

From the afternoon to the evening on the Lunar New Year's Eve, the programs were repeated three times, and many audiences watched all three of them. The programs featured strong elements of Chinese culture. As the saying goes, national culture is a global asset. In cultural exchanges, people have a lot to offer each other. Cultural exchanges have opened the window of understanding between the two peoples, laying a foundation for cooperation and exchanges in other fields.

There were also stalls set up by local Chinese restaurants, selling snacks such as dumplings and Glutinous Rice Rolls with Sweet Bean paste, as well as on-site creation and sale of handicrafts. Helsinki citizens could enjoy these special activities after watching the performance.

In the cold winter, the "Helsinki Chinese New Year" Temple Fair has become a joyous festival for the local communities to experience Chinese culture.

—Guan Yu, Counsel (Class I) of Beijing Municipal Bureau of Culture and Tourism

◆ Attached:

"Chinese Fireworks Light Up the Sky of Helsinki as Tens of Thousands of Locals Visit the Chinese Temple Fair" (Excerpt)

February 1, 2014, Liu Zhensheng, reporter with *Beijing Daily*

"5, 4, 3, 2, 1, Yeah!" When the bell of CCTV Lunar New Year rang, Helsinki, the capital of Finland thousands of miles away from China, roared with excitement. Tens of thousands of visitors attending the "Helsinki Chinese New Year" Temple Fair in Helsinki loudly joined the count down. Amid their cheers, gorgeous fireworks shot up one after another, blossoming in the night sky of Helsinki, a city known as the white pearl of the Baltic sea.

At 3:30 pm Helsinki time on January 30th, dragon and lion dances opened the temple fair. Amid vigorous beats of drums and gongs, two dragon teams and three "Southern Lion" teams composed of overseas Chinese and local martial arts enthusiasts set off from the famous commercial center alongside the sculpture "Three Blacksmiths". They marched along the main road of the city, with police cars clearing the road ahead. From time to time, the team stopped in front of the businesses performing the traditional custom of "cai qing" (literally meaning "plucking the greens")①. The lively dragon and lion dances attracted many citizens.

The Square of the Glass Palace, located in the center of Helsinki, was the main venue of the Chinese New Year Temple Fair. On a temporary Chinese archway at the entrance of the square, "Chinese New Year Temple Fair" was written in Chinese and Finnish. Four rows of red lanterns were hung high over the square, with various stalls selling traditional Chinese products . The atmosphere of Chinese culture could be felt in the air.

In addition to zodiac pendants, other items representing Spring Festival were also popular among the locals, such as tea, steamed buns, kebabs, traditional Chinese medicine, and Character Fu②. There were huge crowds in front of more than 30 stalls, making one wonder if this was the annual temple fair at the Temple of Earth in Beijing.

At 4:00 p.m. local time, the highlight of the temple fair officially started- "Group Boxing" presented by Beijing Sport University. Four young men dressed in traditional martial arts costumes, including "Wu Ying" top national martial arts athletes and national martial arts champions Ma Fei and Sun Kang, performed uniform movements, like "ferocious tiger going down mountain" and "powerful dragon emerging from water". Their performance featured forceful and dramatic movements. The big screen next to the stage amplified each movement and expression, making it easier for the audience to watch. The Finns, who are often seen as a bit "reserved", ferociously clapped their hands in cotton gloves after seeing the performances.

---

① Translator's Note: To perform "cai qing", the "lion" plucks the auspicious green vegetable either hung on a pole or placed on a table in front of the business. The "greens" is tied together with a "red envelope" containing money. The "lion" will dance and approach the "green" and "red envelope" like a curious cat, to "eat the green" and "spit" it out but keep the "red envelope" which is the reward for the lion troupe. The lion dance is believed to bring good luck and fortune to the business.

② Translator's Note: The Character Fu is a Chinese ideograph meaning "fortune" or "good luck". It is often pasted on the entrance of a Chinese home during the Chinese New Year Season as a way to wish for prosperity.

Next, dozens of programs presented by both Chinese and Finnish sides, such as dragon and lion dance, solo, chorus and martial arts, and the programs in the CCTV Spring Festival Gala, appeared one after another on the big screen. The wonderful performance of Finland's local dragon dance team was greeted with warm applause; later, "Happy New Year" was sung by five Chinese middle school students in a childish voice, creating the right atmosphere for Spring Festival celebrations; a Finnish teacher played and sang "At this Moment", which was greeted with heartfelt cheers from the audience. The "Tai Chi Umbrella Rhyme" brought by "Wu Ying" top national martial arts athletes, national martial arts champions Zhang Hao, Tian Mengyi and others pushed the performance to a climax.

The performance went on like this for almost two hours, right up until the hour hand of the clock struck midnight in Beijing. When the New Year bell rang, chargé d'affaires of the Chinese Embassy Chen Wen and mayor of Helsinki Jussi Pajunen both delivered speeches. Later, the big screen cut into the live broadcast of CCTV Spring Festival Gala again, and then began the new year countdown mentioned at the beginning of this article, very much to the excitement of the audience in Finland.

Helsinki Mayor Jussi Pajunen said in an interview with reporters, "the Chinese New Year Temple Fair has brought joy to Helsinki citizens in the long winter and is a good platform for citizens to communicate." Stuba Nikula, Director of the Cultural Office of City of Helsinki, also said, "the Chinese New Year Temple Fair is just like our Christmas celebration and is especially popular with children."

"The Weather Is Cold, But Our Hearts Are Warm!"

Interviewee: Wu Qiong

Vice President of Beijing Acrobatics School

Folk music and acrobatics performance were two important parts of Finland's "Helsinki Chinese New Year" Temple Fair in 2015. The acrobatics performers were led by Wu Qiong, Vice President of Beijing Acrobatics School. "Our team members come from 4 institutions, bringing programs such as bowl-balancing on one's head, jujitsu, cup-rolling, table ballgame skills, and rival ballet."

She summarized her deepest impressions of the event into one single word—"cold". "The 'backstage' where the performers waited was an amphitheatre in a library. From there, they had to walk nearly 100 meters on a snowy road to reach the makeshift stage on the square. The snow made the cold wintry weather even harder to bare. The feelings of the performers can be imagined."

Wu Qiong, who had been in the acrobatic troupe for more than 20 years, adores these young actors and sees them as "children". "The rival ballet performers were barelegged and wore hurdle vests. The actresses wore similar costumes to figure skaters. You can imagine how cold they were." What touched her in particular was that in order to keep warm, before going on the stage, they had a lot of "warmer pads" on their bodies, but when they came on stage, they took them all off. "They wanted to maintain the upmost level of professionalism while performing for the audience in Helsinki. In addition to the performance, they were also responsible for stage management. They had to deal with all these tasks on and off stage, showing a high level of responsibility and discipline. ”

The hard work of the team was greeted with warm response of the locals. In Wu Qiong’s words, “the weather is cold, but our hearts are warm!”

According to her observation, as the years have passed, the local communities have become very familiar with the “Helsinki Chinese New Year” Temple Fair. “They gathered here well before the official start of the event, it was evident that they had come prepared, you know, with both the old and young wearing one-piece down jackets, and some even came in wheelchairs... The people were well-mannered, maintaining order in a big crowd. Those with children on their shoulders would stand behind to prevent blocking others’ view. There were iron railings in the front row, separating the stage and the audience, and none of the children tried to climb over the railings. Instead they watched peacefully through the gaps in the railings. Long after the performance ended, they were reluctant to leave. They visited the intangible heritage stalls and tasted Chinese snacks... The place was filled with joy! ”

Local people experiencing intangible heritage such as paper-cutting (2015)

Wu Qiong was deeply impressed by another scene: the audience happily walked on the square surrounded by lanterns in the shape of Terra-Cotta warriors and horses. In fact, this was a major highlight of the 2015 Temple Fair. This year, under the guidance of the Ministry of Culture (now Ministry of Culture and Tourism), the Municipal Party Committee and the Municipal Government, the "Terra-Cotta Warriors Lantern Show" organized by Chaoyang District Cultural Commission made its debut.

The "Beautiful Terra-Cotta Warriors" lantern show attracted people's attention (2015)

The "Charming Beijing, Passionate Winter Olympics" Exhibition held at the same time also received keen attention. The beautiful scenery of the Palace Museum, the Great Wall, the Beihai Park and the Summer Palace, as well as the majestic Bird's Nest, the National Grand Theater and the CBD, attracted adults and children alike. A visitor proudly told his friend that he had been to the Palace Museum and depicted it as an awe-inspiring place. The winter sports from Beijing aroused everyone's resonance. Ice Yangko, ice cart, ice hockey and other lively scenes were a big attraction.

In the same year, the "Helsinki Chinese New Year" Temple Fair took on a new dimension in the promotion of Spring Festival culture by incorporating Chinese zodiac culture. The Bureau for External Cultural Relations, Ministry of Culture of China (now the Bureau of International Exchange and Cooperation of the Ministry of Culture) and the Beijing Municipal Bureau of Culture (now the Beijing Municipal Bureau of Culture and Tourism) jointly launched the first "Chinese Zodiac Design Competition" and "2015 Year of the Sheep Zodiac Design Competition" to collect design works from all over the world. By the end, 1811 submissions were received, with the youngest participant being only 5 years old and the oldest being over 70.

Over the years, the "Chinese Zodiac Design Competition" has enhanced the influence and popularity of "Helsinki Chinese New Year" through zodiac symbols, effectively promoting the presence of Chinese culture overseas. Mr. Pajunen, former mayor of Helsinki, mentioned on one occasion, "I am a Horse, and this year is the Year of the Horse." From this we know that the Chinese zodiac culture has found a new friend in a distant land.

"Beautiful Terra-Cotta Warriors" Crossing the Ocean

Interviewee:

Yang Ge, Project Leader, Foreign Exchange and Cooperation Department, Beijing Municipal Bureau of Culture and Tourism

Xia Nan, Trainer of Chaoyang District Cultural Center, Beijing; Designer of Lantern Show of Terra-Cotta Warriors and Horses

Since its inception, audiences have appreciated the unique characteristics and innovations at the "Helsinki Chinese New Year" Temple on a yearly basis. For organizers, it has been challenging to make the event new and fresh each year. For Yang Ge, a staff member of the Foreign Exchange and Cooperation Department of Beijing Municipal Bureau of Culture and Tourism, the most "worrying" aspect was the 2015 "Helsinki Chinese New Year" event.

At the end of 2014, Chinese and Finnish staff gathered in Beijing to discuss the contents of the event. "We looked at each other and no one spoke for a long time," as Yang Ge recalled, everyone was somewhat lost as they struggled to find new innovative projects.

We were at our wits' end. And then, quite unexpectedly, the Finnish side started to take a keen interest in a creative exhibition project—"Beautiful Terra-Cotta Warriors". This exhibition project was presented by Chaoyang District Cultural Center, and consisted of a group of oriental soldiers in armor illuminated by colorful lights.

Yang Ge didn't expect the Finnish staff to take a special liking to this exhibition. "They may have thought that a Lantern Show of Terra-Cotta Warriors and Horses, and of such a large scale, would be impressive against a snowy background." After that, Chaoyang District Cultural Center displayed the photos of such lanterns during A snowy winter in Ireland. Then the Finnish staff had an intuitive feeling that such an exhibition would be a success and immediately decided to go forward with the idea.

"Beautiful Terra-Cotta Warriors" Lanterns

"Beautiful Terra-Cotta Warriors" originated from the 2008 Beijing Olympic Games. The idea came from Xu Wei, then director of Chaoyang District Cultural Center in Beijing, and was designed by Xia Nan. "Terra-Cotta Warriors and Horses represent Chinese traditional culture. Chinese people like to display lights during holidays, so they decided to use colorful lights in the shape of Terra-Cotta warriors and horses to add to the festive atmosphere of the Olympic Games in Beijing." said Xia Nan.

"Beautiful Terra-Cotta Warriors" lanterns in the night of Helsinki (close-up) (2015)

“Beautiful Terra-Cotta Warriors” lanterns in the night of Helsinki (full shot) (2015)

The Terra-Cotta Warriors were made using Beijing’s traditional manual rolling techniques, a national intangible cultural heritage project. This artistic recreation based on Terra-Cotta warriors and horses has gone through a long process of continuous innovation.

“This is also a breakthrough on traditional skills.” Xia Nan said that the whole production process took four to five months and was very demanding.

The feet and torso of Terra-Cotta Warriors and Horses were made with a rolling technique, with cold light sources installed inside. However, the heads and arms required a different technique. Wang Yanmin, an inheritor of rolling techniques, used to make lanterns in the shape of a lotus and a child holding a fish, but had no experience in creating specialized head-shaped lanterns. After repeated experiments, the figure’s head finally took shape.

Moreover, traditional lanterns are mostly symbolic in nature, so it proved to be quite challenging to make the lanterns resemble the real “Terra-Cotta warriors”. Xia Nan and others set up gridded frames inside the lanterns, thus creating textures on the arms of the warriors to make it look like they were wearing armor.

The colorful lanterns were displayed at The Place in Beijing on August 8, 2008 , the opening day of the Olympic Games. The exhibition was warmly received, especially among foreigners. The Terra-Cotta Warriors and Horses had 6 colors, red, yellow, blue, green, white and lotus root, and looked bright and brilliant.

The "Beautiful Terra-Cotta Warriors" lanterns were exhibited abroad for the first time during the 25th "Stockton International Riverside Festival" in 2012 in London. During the three-day exhibition, the lanterns attracted over 10,000 visitors, which is very rare for an art festival with only 170,000 participants.

The exhibition took place in an abandoned church. The media reported that the colorful "Terra-Cotta Warriors and Horses" were a perfect match with the broken walls of the British classical church, creating a striking effect. After seeing the lanterns, a local lady said excitedly, "the church was still intact when I was a little girl, but later I was saddened to see it destroyed and burnt to the ground. This exhibition has given new life to this ancient building, and I am really touched."

"Beautiful Terra-Cotta Warriors" has also been exhibited at the University of Edinburgh, which has a long history. Many students showed a keen interest in Chinese culture and history. Since 2008, the exhibition has travelled to many countries in Europe, Oceania and South America, and has been displayed four times in Britain alone. "The local people love it. Wherever the exhibition goes, the local visitors would appreciate the lanterns up close and take pictures." said Xia Nan.

According to him, they will adapt the exhibition of Terra-Cotta Warriors for different places. For example, the winter in Europe is cold and it rains sometimes, but it tends to be hot and sunny in Australia and New Zealand, so these Terra-Cotta warriors and horses need to be renovated after returning home. In addition, the circuits may be damaged during transportation. "If they are transported by sea, each terra-cotta warrior is packed into a whole container. Starting from Tianjin Port, they have to drift for one month before reaching the destination. We would arrive at the exhibition venue two or three days ahead. First, we have a thorough examination of the site and then we take the Terra-Cotta warriors out. If there is any damage, we must repair it quickly on the spot."

The artistic innovation of Terra-Cotta Warriors Lanterns was widely praised at home and abroad, and as a result, the Beijing Municipal Bureau of Culture (now Beijing Municipal Bureau of Culture and Tourism) recommended the project to the "Helsinki Chinese New Year" Temple Fair.

"Beautiful Terra-Cotta Warriors" also attracted the attention and love of local citizens in Helsinki in 2015. According to media reports, the exhibition was originally scheduled to start on February 12th, but it attracted a large crowd of Helsinki citizens during preparation. Finally, at the request of Finnish side and in response to the enthusiasm of the local residents, the lanterns were lit up two days early, on February 10th.

During the exhibition, nearly 10,000 visitors came every day. Many citizens asked the staff whether the lanterns could stay permanently in Finland, while others asked whether they could buy them and take them home. A kindergarten near the exhibition area took the children to see the lanterns every day while they were on display. The head of the kindergarten and other teachers also approached the staff to learn more about the lanterns so as to better explain them to the children.

After the exhibition, Stuba Nikula, Director of the Cultural Office (now Culture and Leisure Division) of Helsinki, said, "the Beautiful Terra-Cotta Warriors Lanterns is one of the most popular exhibitions in 2015."

Helsinki citizens were keen to pose for photos in front of the colorful Terra-Cotta warriors

"Chinese people are all familiar with Terra-Cotta Warriors, and knowing that they are sacrificial objects, they may not be keen to see them at an exhibition. When exhibited abroad, however, the Terra-Cotta Warriors invoked a lot of interest from people who have never been to China. And those who have been to China, especially to Xi'an where Terra-Cotta Warriors are, will also have a meaningful dialogue with you." said Xia Nan.

Through such exchanges, the story behind Beautiful Terra-Cotta Warriors and the charm of Chinese traditional culture as reflected in the traditional rolling techniques of Beijing lanterns were vividly communicated to people across the ocean.

◆ Attached: Media Report (Excerpt)

"Helsinki Chinese New Year" Temple Fair Delights People in Helsinki

People's Daily Online, February 20, 2015, Reporter Lu Ting

At 18:00 local time on February 18th (00:00 on the first day of the first lunar month, Beijing time), tens of thousands of people shouted "Happy Year of the Goat" in the Square of the Glass Palace in downtown Helsinki as they celebrated the Spring Festival, accompanied by the live broadcast of the New Year countdown by CCTV.

On the same day, the 9th "Helsinki Chinese New Year" Temple Fair, jointly sponsored by City of Helsinki and Beijing Municipal Government and organized by Beijing Municipal Bureau of Culture, kicked off in Finland's capital. More than 50,000 local people went to the temple fair to enjoy the performances from Beijing, terracotta warrior lanterns and displays of intangible cultural heritage, celebrating the New Year with Chinese people.

Finnish people at the temple fair

On New Year's Eve, the red lanterns hung high in the Square of the Glass Palace added a festive color to the event. Although there was a light snow in the morning, and the lowest temperature reached minus 5 degrees, the cold did not dampen the spirit of the locals attending the temple fair. Many came with their family, and people from neighboring countries even made a special trip to share in the new year blessings from China on Lunar New Year's Eve.

The "Helsinki Chinese New Year" Temple Fair has been held in Helsinki for 9 consecutive years and become an indispensable highlight of local open-air cultural activities in the winter. This year's temple fair is larger in scale and richer in content. From 15:00 p.m. to 20:00 p.m., parades, performances, exhibitions, displays of intangible cultural heritage and snack stalls appeared one after another. The square was fully packed, resounding with cheers and applause.

On the stage, Chinese performances delighted the locals who seemed like they had completely forgotten about the cold. Children were particularly excited watching the dragon and lion dances, and the vigorous Chinese Kung Fu. When the red silk dance and court dance swept the event with Chinese-style beauty, even mothers with babies in their aims began to dance to the music. From beginning to end, the wonderful performances charmed the big crowds on the square.

Chinese delicacies and folk customs were wildly popular

At the "Helsinki Chinese New Year" Temple Fair, Beijing's intangible cultural heritage artifacts such as paper-cuts, kites and diabolos attracted special attention. Beijing's cultural inheritors set up stalls to demonstrate how to make paper-cuts, play kites and diabolo, drawing in many children and parents to have a try for themselves.

Nie Xiaonan, a Chinese student from Sibelius Academy, and students from the University of Helsinki set up a Chinese folk stall at the temple fair to sell Chinese knots with the Chinese Character "Fu", which means wealth. The knots were brought to Helsinki by students from China. They did not expect them to be so popular. This time, the Cultural Office of Helsinki specially invited Chinese students to perform here, and assigned special stalls for them. "Profit is secondary. Here we have become messengers of Chinese culture. And we are very proud of this fact!" said Nie Xiaonan.

Food was also a staple feature at Chinese temple fairs. Spring rolls, chicken skewers, candied haws, steamed buns...There were long queues in front of the Chinese food stalls. The steamed buns and steamed corn-bread with Chinese characteristics carefully prepared by Teng Wangfu, a local Chinese restaurant, quickly sold out. It was the second time already for Bella and Sunny to visit the temple fair. Chinese candied haws were their favorite. “It is rare for so many people to get together. It is like a big Party with so much fun.”

“Helsinki Chinese New Year” now has a place in the life of Helsinki citizens

When the bell rang at 0:00 on the first day of the first lunar month, Beijing time, brilliant fireworks were set off at the Square of the Glass Palace. The City of Helsinki launched the fireworks into the sky to celebrate the arrival of the Chinese Lunar New Year.

At 20: 30 that night, the City of Helsinki also organized a large-scale firework display besides the lake. The gorgeous fireworks lit up the night sky above the cheering crowds in this beautiful city.

We learned that the city government of Helsinki sets off fireworks twice a year, one on New Year’s Day, and the other at the “Helsinki Chinese New Year” event to celebrate the Chinese Lunar New Year.

Yu Qingtai, Chinese ambassador to Finland, was deeply impressed by the enthusiasm of the Finnish people. He said that Chinese Spring Festival customs have become a part of local life. This also shows that Chinese culture has gained a stronger image as the country further opens up to the world. At the event, Helsinki Mayor Jussi Pajunen was very happy. He thought that the Chinese New Year cultural activities have brought luck to Helsinki citizens, and expressed his best wishes for the New Year to the people of Beijing.

Ice Sculptures of Chinese Zodiac Animals

Interviewee: Wu Tai

Ice Sculpture Designer

2018 marks the 12th year of the "Helsinki Chinese New Year" Temple Fair in Finland. Chinese and foreign artists jointly designed and produced 12 zodiac animal ice sculptures to be exhibited in Helsinki, which became the biggest highlight of that year's event.

One day at the end of 2017, Wu Tai, an ice sculpture designer, received a phone call from Beijing Overseas Cultural Exchanges Center, asking him whether he would be interested in making ice sculptures for an overseas exhibition. "I was very interested, as I seldom have the opportunity to go abroad with my works. I had only been to Dubai once to make ice sculptures for a tourist attraction. The fact that the visit was part of the 'Helsinki Chinese New Year' activity made me even more willing to join." Wu Tai said.

From February 13 to February 16, 2018, during the 12th "Helsinki Chinese New Year" Temple Fair in Helsinki, the ice sculpture exhibition appeared at the open-air skating rink of Helsinki Central Railway Station Square.

Twelve zodiac ice sculptures were jointly completed by Chinese and foreign artists. That year was the Year of the Dog. Wu Tai's job was to make a "Rooster", and his two colleagues made a "Dog" and "Dragon". The remaining zodiac sculptures were completed by ice sculpture lovers from Finland, Russia, Mongolia and other countries. "Unlike these foreign amateurs, we are professional ice sculptors. It was not much of a challenge for us."

"We made it on the spot in the square, and because it was an open square, the citizens could watch the creation process as we completed our work. We took our time and enjoyed the process of 'playing while working'." Wu Tai said that as they made ice sculptures, many people watched. "Although we didn't speak the language and there was no way for us to communicate, I could feel the local people's interest in ice sculptures. They showed strong curiosity. A man came by to watch us work in the morning and then he was still standing there by the time we had finished."

An ice sculpture amateur making a Chinese zodiac sculpture

A Chinese ice sculptor making a Rooster

Wu Tai still remembers a Finnish man and a Finnish woman making ice sculptures next to him. "They were both ice sculpture lovers. Because we didn't speak each other's language, our only way of communication was posing for photos together, making a few gestures and giving each other thumbs up. I found that the sculptures made by amateurs from other countries were more abstract in shape and didn't contain as many details as ours. A kingdom of ice and snow as it is, Finland, as far as I know, doesn't have an ice sculpture industry. The Santa Claus Village in Rovaniemi invites Chinese teams to make snow sculptures every year."

A pair of ice sculptors making a Zodiac rabbit (2018)

Another thing that impressed Wu Tai was the local people's understanding of Chinese culture. " 'Helsinki Chinese New Year' has been held there for 12 years and enjoys great popularity among the local communities. They have gained some understanding of Chinese culture through the event. For example, they know the meanings of the Chinese zodiac sculptures." In 2019, Wu Tai participated in the event again. Because it was the Year of the Pig, he made an ice sculpture of a squatting cartoon pig. It was chubby and more of a Chinese-style. After a single glance, the local people could tell it was a pig, and they all thought it was quite funny.

Looking back at the two events he was personally involved in, Wu Tai said, “I feel that the event still needs some changes and new innovations. For example, the Zodiac sculptures in 2018 may be a fresh experience for everyone, but it’s probably not a good idea to do the same thing every year. It’s important to innovate, for example, we could make sculptures in a way that is more interesting for local children, and develop contents or stories that the locals can easily understand. ”

Santa Claus Celebrated the Chinese Year in Rovaniemi for the First Time

Legend has it that there is a mysterious village in the Arctic Circle, where Santa Claus and his reindeer live. People call it Santa Claus Village. In reality, Santa Claus lives in Rovaniemi, the second capital of Finland and a tourist landmark on the Arctic Circle. He also has an office where he receives tourists and a post office to receive letters from people all over the world.

On February 1, 2018, as the Spring Festival of the Year of the Dog approached, Helsinki’s “Helsinki Chinese New Year” Temple Fair came to Ro vaniemi, the capital of Lapland. The elaborately planned “Helsinki Chinese New Year” zodiac theme activity and “Celebrating Chinese New Year in Santa Claus Village” brought vitality to the Village. This is marked the first time that Santa Claus’s hometown had been used to celebrate the Chinese New Year. The exotic Nordic mythology and the festive and auspicious Chinese folk culture were able to meet here, bringing out the best in each other.

Rovaniemi is the only officially recognized hometown of Santa Claus. The coordinates of the Arctic Circle in Christmas Village Square, 66°34′N 023°51′E, are clearly inscribed on the ground. This is a hot spot for many tourists to take photos.

Santa Claus, with a red robe and white beard, appeared with a dog sled. Visitors were greeted with a traditional Chinese lion dance performed by locals at the entrance, in a highly original Chinese style. When the Spring Festival couplets signal “Blooming Flowers to Usher in a New Era” and “Snow Ode to Welcome in the Spring Song” were spit out from the lion’s mouth, it caused roaring cheers from the crowds.

The Event in Rovaniemi (2018)

Indoor, children celebrated the New Year with Santa Claus. Following the instructions of a Chinese calligrapher, Santa Claus picked up the "Four Treasures of the Study"[①] and wrote a seal character "Fu". Pasting Spring Festival couplets, writing Character "Fu", making dumplings, playing diabolo, setting off fireworks, sending red envelopes, enjoying folk performances and intangible cultural heritage displays... "Flashmob of the Year of the Dog" filled this snow-covered kingdom with the joy of the Chinese New Year, immersing the whole village in happiness. Tourists from across the world personally felt the "shock wave" of the Chinese festival as they shared the New Year greetings together.

The activity brought together Chinese and Western cultures, and was participated by Chinese and Finnish families alike. In the Global Zodiac Design Competition launched earlier, more than 1,000 hand-painted postcards were collected, and the outstanding works among them were taken to Rovaniemi. The mayor of Rovaniemi City and Santa Claus gave the post cards to Chinese children as gifts after writing and signing new year blessings on them.

① Translator's Note: Four Treasures of the Study (*Wen Fang Si Bao*), also known as Four Jewels of the Study or Four Friends of the Study, is an expression used to denote the brush, ink, paper and ink stone used in Chinese and other East Asian calligraphic traditions.

Santa Claus learning to write Chinese Character “Fu” (2018)

The Event in Rovaniemi (2018)

To ensure the success of the event, the staff did a lot of research in the early stages. The film crew visited the Village, and selected a venue with the most distinct Finnish characteristics. Then the Chinese side worked closely with its Finnish partners to finalize all the details of various activities attended by Santa Claus, trying to foreground the central theme of "Celebrating Chinese New Year in Santa Claus Village".

In the flashmob, the performers and staff filmed for 5 consecutive hours in the severe cold of the Arctic Circle with an average temperature of minus 30 degrees. But the harsh environment did not lower the standards for performance and film shooting, as everyone tried to give their very best for the audience.

The activity successfully aroused the passion of the local people for celebrating Chinese New Year. After the event, Chinese elements remained a favorite of the locals. According to media reports, many people bought Chinese New Year decorations online. The only officially recognized Santa Claus in the world was also busy writing Spring Festival couplets in English. Whenever Chinese tourists entered his office, he would say "Good luck in the Year of the Dog" in Chinese.

"The 'Helsinki Chinese New Year' zodiac flashmob was launched in response to the Belt and Road Initiative, to show the brand-new Chinese New Year culture to the world. It can be seen as a 'sub-brand' derived from the 'Helsinki Chinese New Year' series. In wake of the the Golden Monkey Flashmob New York in 2016 and the Beijing-New York Twin Cities Flashmob in 2017", this marks the first time a flashmob event like this has been held in Finland. Sun Bo, Director of Beijing Overseas Cultural Exchanges Center, said that the culture behind the Spring Festival and Chinese zodiac conveyed by the event represented invaluable intangible cultural heritage and will certainly create more interest in Chinese culture among the younger generation. In this way, they would be more motivated in carrying forward and innovating their national traditions.

Chapter 3 Innovation

Exchanges and Mutual Learning Between Civilizations for a Better World

In recent years, business cooperation has led to more frequent contacts and exchanges between Chinese and Finnish people, and deepening friendship between them. Against such a backdrop, Finland's "Helsinki Chinese New Year" Temple Fair is also ready to upgrade itself into version 2.0, exploring the possibility of market-based cooperation by engaging market players, while combining culture with commerce, tourism, education and cultural industries, in a bid to develop the event as an institutionalized signature event driven by market forces.

Culture is the soul of tourism, while tourism is an important carrier of culture. In the course of history with different civilizations prospering together, exchanges in culture and tourism play an important role. From presenting cultural and tourism elements in China's host diplomacy to mutually holding the year of culture and the year of tourism with other countries, our achievements in people-to-people exchanges with culture and tourism at the forefront have been remarkable. Finland's "Helsinki Chinese New Year" Temple Fair prioritizes the deep integration of culture and tourism in every area possible, so that the two can complement each other and prosper together, and enhance the soft power of Chinese culture on the world stage.

Expand the Circle of Friends for Better Exemplary Effect

Interviewee: Gong Chenzong
Staff Member of Beijing Council for the Promotion of International Trade

In 15 years, the "Helsinki Chinese New Year" Temple Fair has brought the joyous scenes of China's Spring Festival to different parts of the world, with ever enriched contents.

In this regard, the 2018 temple fair is a classic edition with exemplary effect. In 2018, the exchange between Beijing and Helsinki extended to Winter Olympics sports, economy and trade, science and technology, and tourism, among other fields. The "Helsinki Chinese New Year Beijing Week" series was held to promote the integration of different sectors, such as culture + tourism, culture + economy and trade, culture + sports (Winter Olympics), culture + science and technology, expanding the "circle of friends" to create a better exemplary effect.

The 2018 "Helsinki Chinese New Year" Temple Fair is an exemplary event

According to Gong Chenzong, a staff member of the Beijing Council for the Promotion of International Trade, in the Finnish part of the "Helsinki Chinese New Year Beijing Week" event in 2018, Beijing Council for the Promotion of International Trade, Beijing Municipal Science and Technology Commission and Beijing Sports Bureau collaborated with the Chief Executive Officer of the Finnish Capital Circle Economic Development AgencyChief Executive Officer of the Finnish Capital Circle Economic Development Agency in holding the opening ceremony of the 2018 Helsinki "Beijing Week" & Science and Technology Innovation Forum. The event includes economic and trade forums, project promotion, business match-making, signing of cooperation contracts and visits. As a result of the event, agreements were signed with the Finnish Capital Circle Economic Development Agency and Helsinki Economic Development Bureau.

The signing of the agreements laid the foundation for future cooperation. During the meeting between Deputy Counsel Wang Chaoying and the Chief Executive Officer of the Finnish Capital Circle Economic Development Agency, the two sides reached a preliminary consensus on sharing information on the needs of enterprises and proposed to put in place a mechanism for information sharing + business match-making. This marks the official establishment of a partnership with the public service departments for businesses in Helsinki. It is a regular mechanism for business exchange established on the basis of the sister-city relationship, and an effective move to promote pragmatic and mutually beneficial cooperation between Beijing and Helsinki in President Xi Jinping's vision for deepened Sino-Finnish ties.

In addition, the Beijing Council for the Promotion of International Trade delegation also participated in three activities: Helsinki Winter Sports Equipment Forum, Helsinki Business Service Seminar and Finnish Entrepreneur Exchange Conference. It has held talks with leaders of Chinese Embassy in Finland, Helsinki Government, Finnish Capital Circle Economic Development Agency, Helsinki Economic Development Bureau, Finnish Ice Hockey League, and IFK Ice Hockey Club. In the conversations with Finnish business representatives, Beijing promoted important exhibition activities, such as the Beijing Science and Technology Fair, the China International Cultural Industry Fair and the Beijing International Conference of Friendly Chambers of Commerce, as well as Beijing's scientific and technological innovation and cultural and creative industries, facilitating discussions on cooperation opportunities.

"This is marks the first that we have seen special exchange activities relating to culture, economy, trade, and sports during the local 'Helsinki Chinese New Year Beijing Week'. Previously, it was just about culture and tourism, and was only able to attract local residents. The expanded series has attracted a large number of businesses and social organizations, in particular local manufacturers, service providers and technology start-ups through its many commercial events," said Gong Chencong.

"During the 15 years of the 'Helsinki Chinese New Year' Temple Fair, we can feel a sense of purpose during this signature event and its effort to build the image of Chinese culture in an all-round and three-dimensional way." In Gong Chensong's view, exchanges in the cultural field involve fresh and different styles that are flexible, while exchanges in the commercial sector value pragmatism and mutual benefits. In the process of cultural communication and promotion, it is important to continue to translate cultural contents into the marketplace on the one hand, and add more characteristic cultural elements and values in the export of high-tech products on the other. Cultural elements may be a highlight in commodity design and customized services, while the consumer market will ensure a longer cycle and wider coverage of cultural propagation. In this way, "culture + commerce" is able to produce practical benefits and improve the influence of signature cultural events.

Beijing Gifts: A Bridge for the Integration of Culture and Tourism

Interviewee: Cui Ying

Manager, Public Relations and Curating, Huajiang Culture Group Co., Ltd.

The 2018 "Helsinki Chinese New Year" Temple Fair in Helsinki was strongly supported by the Beijing Municipal Commission of Tourism Development (now the Beijing Municipal Bureau of Culture and Tourism), as it looked to present Beijing's image of tourism and culture to more European people, so as to make Beijing a more popular destination for tourists.

In the "Helsinki Chinese New Year Beijing Week" series at that time, more activities were added, such as "Charming Beijing" photo exhibition and promotional videos of Beijing and Helsinki. The display of "Beijing Gifts" was also one of the highlights.

"Beijing Gifts" is a trademark registered by Beijing Tourism Industry Association in 2014. It is a signature brand of Beijing's cultural and creative products showcasing the culture of this ancient capital, its revolutionary past, local customs and modern innovations. The gifts, which embody the city's image, are made with fine craftsmanship.

Huajiang Culture Group Co., Ltd. (hereinafter referred to as "Huajiang"), one of the franchised operators of "Beijing Gifts", was responsible for the exhibition of cultural and creative products in Helsinki in 2018.

Founded in 2003, Huajiang specializes in international cultural and creative industry. It has been licensed for three consecutive Summer Olympics in Beijing in 2008, London in 2012 and Brazil in 2016. As a franchised operator of "Beijing Gifts", Huajiang has a deep understanding of the development of licensed commodities. From development, design, production, logistics to sales, Huajiang has instilled cultural concepts and innovative ideas into the whole cycle of cultural and creative products.

In the construction of the National Stadium of the Beijing Olympic Games (Bird's Nest), a large amount of special steel was left to be recycled as scrap steel. Huajiang, an expert on "resource integration" and "design innovation", bought all over 400 tons of scrap steel from the National Stadium. Olympic derivatives such as mini-Bird's Nest, mini-torch and Coca-Cola Beijing Olympic badge have been developed to win the hearts of consumers. Juan Antonio Samaranch, former president of the International Olympic Committee, praised the licensed products of Bird's Nest Steel as the best souvenirs at the Beijing Olympics.

Cui Ying, manager of Huajiang's Department of Public Relations and Curating, said that the development of "Beijing Gifts" shows the company's commitment to integrating "culture and creativity" in gifts. "Basically, all products are designed according to the characteristics of Chinese traditional culture or landmark buildings in Beijing. In fact, a gift is a carrier of culture when it travels overseas, so it is a cultural product by design. "

Cui Ying was one of those that visited Helsinki in 2018. According to her, the "Beijing Gifts" brought to Finland are carefully selected based on how they represent Chinese traditional culture and Beijing characteristics. They often combine different elements and characteristics of China, such as Jingju and pandas.

Cui Ying also brought some ceramic products that local people may find useful in their daily lives, such as coffee sets, tea sets, dinner plates, and bread baskets. These ceramic products belong to another series named "Zijin Guanghua". Cui Ying said, "The overall design of this product is very Chinese-style, and very useful for local people. The meeting of the two cultures made the exhibition a unique experience, and local visitors found these products quite eye-catching."

In addition, shortly before Beijing Expo 2019, the Expo became an essential creative element of "Beijing Gifts". Related badges, key chains, stationery, scarves, and accessories also appeared at the exhibition in Helsinki.

Prior to her departure, Cui Ying did not have the faintest idea about how the exhibition would turn out. "We didn't have much experience in promoting Chinese culture in Northern Europe, and were not sure how our products would be received. We had some worries, so we decided to play it on the safe side and only picked the products we felt suitable."

In reality, she was surprised by how popular the exhibition was. "I felt overwhelmed by the huge crowd at our store." Cui Ying said she was rushed off her feet during the event. There were a lot of children at the exhibition. "The crowds kept coming and asking questions. It was overwhelming."

Key chains featuring Chinese zodiac were very popular. Everyone looked for the zodiac corresponding to their year of their birth. And the key chains sold out very quickly. Cui Ying kept apologizing after the products sold out, and left Huajiang's website and her email.

" 'Beijing Gifts' is a bridge of culture and tourism." Cui Ying said, "Our products make some people think that Beijing is a beautiful place, and make them want to visit it someday." "Beijing Gifts" allow tourists not only to see and feel Beijing, but also to take away these cultural and creative products. For example, Cui Ying said, "If you only bring back an ordinary cup, then you can only use it to drink water, nothing more; but if the cup is a cultural product, you will think of the people or the place it represents every time you use it to have a sip of water. This is the exact effect we were looking for."

The "Beijing Gifts", small as they are, are born for a big mission, that is, to explore the path of commercial success in international cultural exchanges.

"Happy Chinese New Year", a Popular Festive Event among Finns

Interviewee: Lin Hongkui

Head of Beijing Hongyu Troupe

As the event developed a deeper emotional bond with the local people, it become an inevitable trend for it to extend its reach and engage specific demographics such as teenagers. In this regard, the 13th "Helsinki Chinese New Year" Temple Fair in 2019 is a perfect example.

On the afternoon of February 4, 2019, the event started at the square of Dodi Central Library, which houses cultural institutions, commercial facilities, shopping malls, and has a large flow of people.

One of the highlights of that year's event was the special cultural activity for children. In addition to outdoor performances, shadow play and other exchange activities were organized specially for children as well.

On the third floor of Dodi Central Library, Beijing Hongyu Troupe delighted children and parents with Chinese traditional shadow plays. Lin Hongkui, head of the team, remembers that carpets were laid in front of the makeshift small stage, and everyone sat on the floor casually.

The troupe chose two traditional shadow puppets, "Nezha Conquers the Dragon King" and "Tortoise and Crane". The two performances feature thrilling martial arts moves with broadswords and spears, and feature inspiring themes. For example, "Tortoise and Crane" conveys universal values-the triumph of right over might, and it also shows the ancient wisdom of Chinese people.

Shadow play (2019)

"As we brought the performances overseas, we made some adaptations to the plot. For example, at the ending of *Nezha Conquers the Dragon King* in China, the three princes of the Dragon King were killed, but they ran away in the Finnish version. The same is true of *Tortoise and Crane*. In the Chinese version, the tortoise killed the crane, but in the Finnish version the tortoise bit and let go, letting the crane fly away." Lin Hongkui said that the reason for such adaptations is to convey Chinese values of upholding justice while showing mercy to one's opponents. "Ethics is important in Chinese martial arts, which is something we wanted to communicate in the combat of the shadow puppets—in the end, defeat your opponent, but not necessarily kill it."

The Finnish audience watched the performance with great interest and interacted with the performers on stage. When an exciting scene was greeted with warm applause and laughter, "you knew that people understood it. In some other countries, the audience would only applaud until the final curtain call. So in this sense, the Finnish audience is similar to the Chinese audience." Lin Hongkui said.

Shadow play (2019)

He still remembers that before the performance, the host explained the general contents of the shadow play to everyone in English, followed by a Q&A session. "The local audience listened attentively and had many questions. We originally arranged a 10-minute Q&A, but it turned out to go on for 25 minutes, pushing back the start time for the performance."

In addition to shadow puppets, the troupe also displayed Sugar Paintings[1], New Year Paintings and cultural and creative products, such as T-shirts with Facial Makeup patterns, cartoon-shaped figurines of Lord Rabbit[2] and Zhong Kui[3], which were especially popular. The most popular were zodiac-themed

① Translator's Note: Sugar Painting (*Tang Hua*) is a form of folk art in which street artists use a big spoon to scoop up hot liquid sugar onto smooth marble slab to create different shapes. Each sugar painting comprises dynamic lines and solid planes. The process to make sugar paintings includes five techniques: shaking, lifting, pausing, releasing and withdrawal. An artist needs to be careful with the speed and flow when working with boiled sugar. As the paintings are made from liquid sugar, there will never be two completely identical sugar paintings even with the same pattern.

② Translator's Note: Lord Rabbit figurine (*Tu'er Ye*), considered as a symbol of Beijing local culture, is a unique artwork that depicts a cute rabbit in a powerful pose. Once used for worship on the Mid-Autumn Day and later becoming a children's toy, it is now mostly used as a type of decoration, and can be found in the local shops of Beijing.

③ Translator's Note: In Chinese mythology, Zhong Kui is a god that can command ghosts and spirits. His image is often painted on household gates as a guardian spirit.

Sugar Paintings produced by technicians on the spot. "There were a lot of people. It took at least 30 minutes to queue up to buy a Sugar Painting, which shows its popularity. I remember that all the sugar used to make the paintings sold out by the end." Lin Hongkui said. There was an interpreter helping people communicate with the master, along with volunteers. The interpreter introduced Chinese traditions and Sugar Painting techniques to people waiting in the queue and answered their questions.

Lin Hongkui and his team had participated in many international cultural activities, but had never been to Finland before, so this felt different for them. "I feel that Finns are very familiar with the temple fair, just like native Beijingers are familiar with Beijing's Temple Fair. For example, the annual temple fair at the Temple of Earth in Beijing has been around for decades, and everyone knows it. The regular attendees know where all the snacks and interesting venues are, and they have no problem navigating around the fair. The attendees all benefit from the continuity of the fair year in year out."

Finnish children waiting before the Sugar Painting stall (2019)

Also, on the third floor of the new Central Library, a special activity was going on related to the ongoing "romance" between two libraries in Beijing and Helsinki. At the same time, it marked the first time that the Finland's "Helsinki

Chinese New Year" event had extended the field of public cultural cooperation.

Xiao Weiping, secretary of the Party Committee of the Capital Library of China, and the director of Helsinki Central Library, signed a memorandum of cooperation on "Reading Beijing". In the future, exhibitions, lectures, book exchanges, seminars and other activities will be held every year to further expand exchanges between the two libraries.

Meanwhile, the Capital Library of China donated the first batch of 400 English books to Helsinki City Library, including the English versions of Volumes I and II of Xi Jinping: The Governance of China, ancient Chinese classics, contemporary Chinese series, and children's books.

To promote the effective integration of culture and tourism, and to contribute to the promotional campaign of the Beijing 2022 Winter Olympics and Winter Paralympics, the staff of Beijing Culture Tourism Bureau also prepared brochures of Beijing tourism and Beijing Winter Olympics, which were distributed at the "Helsinki Chinese New Year" Temple Fair. These reading materials introduced Beijing's culture and tourism resources to tourists and promoted the "Beijing Winter Olympics".

Capital Library of China donating books to Helsinki City Library (2019)

"Beijing is a sister city of Helsinki, and Finns regard the Chinese as friends. Chinese New Year is celebrated by more and more people, and has become an indispensable winter festival in Helsinki. Ringing in the Chinese New Year together with the Chinese has become part of the life of local citizens, bringing vitality and warmth to the cold winter here." Jan Vapaavuori, the incumbent mayor of Helsinki, talked about the unusual significance of this activity with the local people.

The Integration of Culture and Tourism in the Eyes of "Master Tour Guide"

Interviewee: Dou Junjie
Chief Marketing Officer of Beijing Hemo Technology Co., Ltd.

In 2020, in addition to wonderful cultural performances, intangible cultural heritage exhibitions and performances, elaborately designed cultural lectures and tourism promotion projects were also a highlight in Finland's "Helsinki Chinese New Year" Temple Fair.

In fact, tourism became a special feature of the annual event first in 2018. The 2020 event featured well-prepared, in-depth tourism promotion activities with vivid content. This was made possible with the aid of online and offline communication. The event would not have come together if not for the "Master Tour Guide" Dou Junjie.

One day at the end of December, 2019, Dou Junjie received an invitation from Beijing Overseas Cultural Exchanges Center to visit Finland in early 2020 to attend the "Helsinki Chinese New Year" Temple Fair and promote Beijing tourism.

Dou Junjie was invited because he held the title of "Master Tour Guide" awarded by the Ministry of Culture and Tourism. In addition, he also had national English tour guide qualifications. "It is very rare for one person to have both qualifications, no more than 30 people in Beijing have done so!" Speaking of this, Dou Junjie made no effort to hide his pride.

Dou Junjie's company is a start-up specialized in inbound tourism. He is a partner and marketing officer for the company. Since its establishment, the company has been practicing a destination-oriented marketing model of "seeing is gaining". "In the past, our destination marketing mainly focused on the disconnect between marketing and travel agencies! Every year, I spent a lot of money doing a many promotion events overseas. But the effort was largely disconnected from travel agencies. What is the conversion rate of this investment? There is no hard data. And yet, we are determined to bridge the gap between marketing and consumption, to bind the two in a closed loop."

According to him, so far, the company has established websites available in seven languages, and it has accumulated millions of followers on its overseas social media account. It has also built a product system covering over 2,000 tourism categories. By communicating across cultures on overseas social media, the company seeks to channel the followers to its multi-lingual website, and recommend tourism products based on their browsing behavior, thus closing the loop of marketing.

Dou Junjie was very excited about the tourism promotion of the "Helsinki Chinese New Year" in Finland, and thought that it was precisely the embodiment of "seeing is gaining". "Culture takes the lead, and tourism follows; the seamless connection between the two constitutes a perfect combination of poetry and a dreamland!"

In fact, this was also why the organizer invited him to promote Beijing tourism: to create more opportunities and channels for China-loving Finns to come to China and experience Chinese culture.

Mini-lecture on Beijing folklore culture at the "Happy Chinese New Year" event site

Dou Junjie promoting Beijing tourism (2020)

After less than a month of preliminary planning and preparation, Dou Junjie and his colleagues quickly identified four themes for the promotion project, namely, 600 years of the Forbidden City, being a Beijinger for one day, tracing the root of intangible cultural heritage, and embracing the Beijing Winter Olympics.

2020 marks the 600th anniversary of the Forbidden City, which is a historic event and holds special significance for Beijing tourism. Dou Junjie said, “Originally, we planned to engage foreign tourists at the Forbidden City to film a video celebrating the 600th anniversary of the Forbidden City, with each one of them saying ‘Happy Birthday, Forbidden City!’. The idea was to post the video on our official website and overseas social media accounts. Unfortunately, because of the COVID-19 pandemic, this was no longer possible.”

The second theme—approaching the life of ordinary Beijingers—is a product specially designed based on the company’s many years of experience in receiving inbound tourists. The product aims to offer a taste of local culture and customs, and is very well received among overseas tourists. “On a typical day, we meet tourists at the Temple of Heaven in the morning and play Tai

Chi Chuan, a kind of traditional Chinese shadowboxing. As noon approaches, we take tourists to the vegetable market in Beijing to buy noodles and teach them how to make Zha Jiang Mian (noodles served with soy bean sauce). After we finish eating our noodles, we would have a calligraphy class in the afternoon, then enjoy jasmine tea, a local specialty in Beijing. At 5 o'clock in the afternoon, we would then make dumplings together. We eat the dumplings for dinner and drink Erguotou, a local liquor. There is an old saying that goes: the more you drink, the more you want to drink!"

The promotion of tourism and intangible cultural heritage are essential. According to Dou Junjie, at present, his company partners with more than 20 intangible cultural heritage inheritors in a variety of fields including clay figurines, calligraphy, and paper cutting. "We brought with us two masters of intangible cultural heritage. One was the inheritor of seal cutting epigraphy, and the other was a Lord Rabbit figure maker."

The last theme is related to Beijing Winter Olympics. "The 2022 Beijing Winter Olympics is a big event in Beijing and China, and Finland is strong in winter sports, so the Beijing Winter Olympics was undoubtedly one of the key focus points of the tourism promotion project."

Estonia was the first stop. We faced a professional audience in the tourism industry. "They were very interested in business and cooperation models." This was easy for Dou Junjie, who had several years of experience in operating a business. However, the promotion project still had room for improvement.

After the event, the leaders of Beijing Municipal Bureau of Culture and Tourism gave some suggestions for further improvement, namely, adding two destinations, Daxing International Airport and Universal Beijing Resort. "The newly built Beijing Daxing International Airport will be the main hub of inbound tourism in the future, while Universal Beijing Resort is ready to open its doors for trial operations in Beijing's Administrative Sub-center. Both are potential destinations for overseas tourists. I worked overnight to add the two projects."

Then we came to Helsinki, the most important stop of the trip. Dou Junjie clearly remembers the situation in Finland. "I was not only a tourism promoter, but also a volunteer, an on-site interpreter and VR staff member. I was really up to my neck in work!"

With full the preparations having been completed in advance and the experience in Estonia, Dou Junjie saw to the success of the whole promotion project. The success of the project can also largely be attributed to his proficient English and rich experience in receiving foreign tourists. But he still felt some differences. At tourist attractions in Beijing, it is much easier to interact with the overseas tourists, as they can spot things, they are curious about in the background and ask questions. So, the explanation of the culture behind something is a natural process. “At a promotional project, however, I was the only one making the speech, with no interaction, making it much more challenging. It is important to keep a clear head and follow a logical order when one switches between different themes.”

VR experience at the Tourism Promotion Project (2020)

To offer the audience a more immediate sensory experience, Dou Junjie and his colleagues brought four VR glasses, showing the Forbidden City, Great Wall, Summer Palace, Lama Temple, and Temple of Heaven, from which the audience may gain a multisensory feeling of the ancient capital.

Sure enough, the audience enjoyed the VR show and waited in a queue to try it out. A senior citizen in a wheelchair impressed Dou Junjie deeply. He listened attentively from beginning to end, and waited in a queue for the VR experience. “He was very excited after watching and said to me with tears in his eyes that it was such a pity that his physical condition would not make it possible for him to go to China. But watching it in a virtual and immersive way is already an unforgettable experience.” Dou Junjie recalled that because the promotion on that day was too popular, there were still many spectators waiting in line well after the allotted time of the venue. The library was quite considerate and stayed open for another 2 hours. "We achieved very good effect. We pushed all the right 'buttons' in designing the event."

In addition to VR glasses, there was also a secret weapon, coupons. According to Dou Junjie, in the promotion projects in Finland and Estonia, they carried 100,000 euros of travel vouchers and distributed them on the spot. "No matter how well you do the job, it would still take visible benefits to encourage people to see with their own eyes, otherwise it will not be possible to realize our ideal 'seeing is gaining'."

"Seeing is gaining" runs through all tourism promotion activities. During the intangible cultural heritage display, the superb calligraphy skills and a few strokes outlined a vivid image of Lord Rabbit, and the masters impressed the audience with their skills. In order to meet their expectations, Dou Junjie and his colleagues provided the online link of the masters. "When the audience asked where to find us in the future, we would give them the contact information of the two masters. When we say we want to promote culture and tourism in a truly integrated way, we need to work on every detail, and meet people's needs to deliver the best possible experience."

The unique promotion activities have achieved practical results. After the trip to Estonia, the company received orders from 4 or 5 tourist groups. After the trip to Finland, visits from Northern Europe to the website of Dou Junjie's company increased by 30%. "The number of orders received, the number of visits, and the recovery of vouchers can all be used to evaluate the effect of promotion, and the income from tourism can then be used to nurture the promotion of culture."

Although subsequent tourism orders have been delayed due to the pandemic, the promotion of culture and its integration with tourism has been practiced to the greatest possible extent at the Helsinki Chinese New Year Temple Fair in Finland and Estonia. "It's fair to say that we have created a Finnish example of the integration of culture and tourism!"

Chapter 4 Fusion

Cultural Exchanges for Vibrant People-to-People Ties

At the inception of the "Helsinki Chinese New Year" Temple Fair in Finland, Beijing took the lead and planned the activities independently. Two years later in 2009, the two cities agreed to jointly plan and fund the activities, with Helsinki playing a dominant role.

The City of Helsinki developed the project in a direction that would benefit the people, and provided an ideal venue, along with support in security, transportation, rescue, performances, and live media broadcast. On top of the funding from the city government, the event is also financed by renting stalls and attracting sponsorship to ensure sustainable operation. In addition, Helsinki's Cultural Office took lead in developing an official website dedicated to the "Helsinki Chinese New Year" Temple Fair, with the promotional campaign for the event starting two months in advance.

After the City of Helsinki voluntarily took over organization for the event, the temple fair took a great leap forward. The event, which has been woven into Helsinki's social and economic fabric, has significantly contributed to the cultural exchanges between Helsinki and Beijing, especially in term of people-to-people ties. To this day, it is still being developed as a localized signature event driven by market forces, and it has also facilitated local endeavors which foster multi-faceted, institutionalized international cooperation at different levels.

“Moi Helsinki” Come to Beijing

Interviewee: Qin Xiaoyun

Project Manager at Beijing Overseas Cultural Exchanges Center

Qin Xiaoyun (Middle), Project Manager of Beijing Week cultural event of 2016 “Moi Helsinki”

After 15 years, the “Helsinki Chinese New Year” Temple Fair has gradually developed from a one-way exhibition of Chinese culture to a two-way platform for people-to-people interaction, cultural exchanges and culture+tourism integration between the two countries. The “Moi Helsinki” event, which launched at the Xidan Square in central Beijing on May 13, 2016, is one excellent example.

According to Qin Xiaoyun, project manager at Beijing Overseas Cultural Exchanges Center, the main venue and sub-venues were set up for synchronized activities. Moi Helsinki's main event at the Xidan Square includes three parts: Stage Performance, the Magic Box Area and a Children's Area. The programme makes use of music, dance, the children's play "King in Moominvalley", fashion design and elements of tourism.

Among them, stage performances featured the Humppavanti Orchestra, the Wusheng Company that plays Beijing opera in Finnish, the dancers Minna Tervamäki, Tero Saarinen and Ima Iduozee, the Club for Five ensemble, and children's play "King in Moominvalley" by China National Theatre for Children authorized by Finland. The Magic Box Area revolves around Finland's four seasons, sauna, cultural festivals, environmental protection concepts, tourism and city promotion, and Santa Claus. The children's activity area includes graffiti wall painting, interaction with "Moomin" cartoon characters and "Moomin" stories.

The parallel events of "Moi Helsinki" kicked off at the same time in three other places in Beijing on May 14: accordionist Kimmo Pohjonen gave a performance at Forbidden City Concert Hall; Finnish modern dancer Ima Iduozee arrived at Chaoyang Cultural Center for a three-hour exchange with Beijing dancers; fashion designers from Aalto University exhibited 10 different lines of their products at the No.1 Show Place, Innovation Park, Beijing Institute of Fashion Technology.

The "Moi Helsinki" cultural event is yet another cultural achievement in the ten-year sister-city relationship between Beijing and Helsinki. The event was specially planned by Helsinki's Cultural Office based on the "Helsinki Chinese New Year"Temple Fair, and presented to Beijing citizens as a "return gift". Former Mayor of Helsinki Jussi Pajunen also attended the event. He said, "The close cooperation between Helsinki and Beijing, especially in the cultural field, has enabled us to use the Xidan Square as the main venue for our activities. I hope Helsinki can take this unique opportunity to go into the center of Beijing and into the hearts of the local citizens."

Helsinki's Cultural Office attached great importance to this event and began preparations for it a year in advance. In addition to stage performances, the event also highlighted the distinctive urban characteristics of Helsinki, in a bid to promote Finnish tourism. To this end, the Cultural Office invited artists and formed a design team to materialize the concept of "magic box", which is centered on the theme of "city tourism".

The Children's Area promoted Finland's concepts for children's education. Visitors had the chance to meet the Moomins from the classic Finnish children's play. At the event, children can experience graffiti wall painting, interact with "Moomin" characters and listen to "Moomin" stories. The Children's Area gave families an all-round experience of Finnish culture.

"Moi Helsinki" was made possible thanks to the careful planning of Helsinki's Cultural Office and the support of many people. It reflects Finland's capacity to hold international cultural events and provides valuable experience for future cultural visits between the sister cities. The activity deepened the friendship between Helsinki and Beijing, and gave the people of Beijing a three-dimensional understanding of Helsinki.

Taking Chinese culture out for the world to see and letting foreign culture in are an important part of mutually beneficial bilateral ties. Cultural events can help promote cooperation in different fields by establishing a mechanism of mutual visits. As Wang Ning, then Deputy Mayor of Beijing Municipal People's Government, said in his speech at the event, Finland does well in winter sports, especially in cross-country skiing and ice hockey, and Beijing is willing to cooperate with Helsinki in winter sports promotion, venue construction and management, and athlete training. At the same time, we hope that the two sister cities will continue to deepen exchanges in the fields of economy, trade, culture, education, tourism, innovation and entrepreneurship in even wider scope and at even deeper levels.

Behind the Scenes of "Moi Helsinki"

Interviewee: Jenni Peisa
Producer, Cultural Office (now Culture and Leisure Division), City of Helsinki

Accordionist Kimmo Pohjonen's solo delighted the audience with Nordic music; artists from Finland's Wusheng Company performed traditional Chinese Jingju; Aalto University and Beijing Institute of Fashion Technology jointly held a Finnish Fashion Show; the "Magic Box" composed of small cubes displayed Finland's four seasons, sauna houses, cultural festivals, environmental protection concepts, tourism, among other themes; children painted freely on the graffiti wall, and interacted with Santa Claus and "Moomin" cartoon characters...

From May 13 to 15, 2016, the "Moi Helsinki" event was held in Beijing. This event, aimed at presenting Helsinki's culture, art, commerce and other sectors in an all-round way, was one of the largest Finnish cultural exhibitions to have ever been held in China at the time. Jenni Peisa, who worked at the Cultural Centre Caisa in Helsinki at that time, helped prepare for the event.

"As Helsinki and Beijing became twin cities in 2006, it was mentioned in the agreement that the two sides would hold mutual exchanges in culture. At that time, Helsinki had already held Chinese New Year activities for ten consecutive years. On a reciprocal basis, and to celebrate the 10th anniversary of the sister-city relationship, we chose to come to Beijing in 2016 to hold the 'Moi Helsinki' event." said Jenni Peisa.

On the Helsinki side, the idea of holding an event in Beijing had already been put on the agenda several years ago. "Because such an event would be very costly, we had conversations about its feasibility and necessity." Jenni said frankly. We concluded that this event would require the collaboration of Helsinki's various sectors, including culture, transportation, tourism, and commerce.

Helsinki hoped to obtain various benefits from the event, such as desirable media exposure, benefits for Finnish businesses in China, and to showcase Finnish culture and art in different dimensions. "Also, as we were holding activities in another country, there might be risks and uncontrollable factors. We were also not very familiar with the laws and regulations of China and Beijing, so we understood that we would need the support of Beijing and their partners." Jenni said.

Following the decision to hold the "Moi Helsinki" event, Jenni and her colleagues quickly set up a team: the core team came from the cultural, tourism, and commercial departments of the City of Helsinki—they were the decision makers of the whole event; there was also an event planning group led by several Finnish artists responsible for specific creative designs.

Among the many elements able to represent Finnish cultural characteristics, which ones should be displayed in Beijing? This was a headache in the planning phase. Jenni Peisa recalled that people preferred a more comprehensive event during the discussion, with the hope of integrating various elements to create a comprehensive image of Finland. In the choice of programs, it was important to consider the potential benefits for the partners. "We would consider which partners would be interested in China, have more cooperation with China, and what the Chinese audience would expect..."

To identify the right partners, the team of "Moi Helsinki" first conducted a survey among enterprises and institutions in Helsinki, informing them that such an event would be held in Beijing and asked if they would be interested. Some of the partners were very interested in China, and some already had business there. "Moi Helsinki" would help them develop better in China.

In terms of the form of the event, two artists in the planning group, Erik Söderblom and Kaisa Salmi, contributed their expertise. Erik was mainly responsible for stage programming and Kaisa for visual design.

Kaisa came up with the idea of displaying Finnish culture with different themes in the "Magic Box" cubes. The Xidan Square, the main venue of "Moi Helsinki", is one of the most bustling landmarks in the center of Beijing. In order to avoid potential security problems caused by a large crowd, the team hoped to let the audience walk around instead of staying at a particular place. So, when designing the event, Kaisa raised the concept of "Magic Box". Each "Magic Box" houses something Finnish, such as the four seasons in Finland, the sauna house in Finland, and Santa Claus. The audience can freely walk into different "Magic Boxes" and experience distinct aspects of Finnish culture. "Initially Kaisa also designed many tower-like devices. The artists could stand on the 'Tower' to perform or speak." said Jenni.

When designing the contents of "Magic Box", Kaisa, who was full of imagination, even wanted to go as far as collecting fallen leaves and bring them to Beijing to represent the Finnish autumn. "So the problem comes. How to preserve these fallen leaves? Freeze them? Or dry them under the sun? But if the leaves were dried, they would be fragile, so how could they be transported to China?" Jenni said with a smile that these practical problems forced her to finally give up this "crazy" idea, but her unbridled imagination really helped bring the event to life.

When working with artists like Kaisa Salmi, the organizers of "Moi Helsinki" followed an open approach. "Bureaucracy was not our style. If we hire someone as artistic director, then he or she will have our full trust. If we happened to disagree on a certain issue, then we would simply have an open discussion about it." For example, at first, some wanted to invite a star popular with young people in Finland to perform in China, but in the end, everyone decided to give up on this idea. First, they felt that stars, who might be famous in Finland, might not be popular with the Chinese audience. Another concern was the high performance fee. Besides, stars might lose connections with China after the performance, so it would be of little value for them to participate.

The performers in "Moi Helsinki" include Finland's top artists, such as accordionist Kimmo Pohjonen, Finnish modern dancer Ima Iduozee, as well as Finnish artists of some repute among the Chinese audience, such as "Club for Five". The event gave them the opportunity to demonstrate their superb skills to the Chinese audience, and increase their visibility in China for even better cooperation in the future.

"Moi Helsinki" has achieved desirable effects in cultural communication and promoted cooperation among artists, and more importantly, it has shown the Chinese people the unique image of Finland and its achievements in culture, tourism, education, commerce and art. Jenni said that she did not know how much the number of Chinese tourists to Finland has increased after the event, but during the event, the search volume of the word "Helsinki" hit record highs in the Chinese search engine Baidu. "This alone proves how successful the event was."

"Dragon and Lion" Dance in a Distant Land

Interviewee: Sun Xiaowei

Head of Beijing Shunyuanxiang Art Troupe

Dancing to the beat of gongs and drums, two 18-meter-long "Chinese dragons" and two pairs of "Chinese lions" appeared on Helsinki's Senate Square, the bustling Mannerheimintie and Alexanderstraße, amid surging crowds that followed the procession all the way. What a spectacular sight!

The lively scene of the "Helsinki Chinese New Year" in Helsinki (2007)

This was the grand occasion of the first Finnish "Helsinki Chinese New Year" Temple Fair in Helsinki in 2007, in which Chinese dragons and lions competed for the crowd's attention. Behind them was an excellent team, the Beijing-Pinggu Essence Lion Dance Team. As messengers of Chinese traditional culture, they showed Finland and the world an image of Chinese culture and the essence of folklore.

An important person behind the dragon and lion performance was Wang Yuxi, reputed as the "Dragon King of China", who created and designed the golden dragon used in the first temple fair.

Among his many titles, including being a member of China Acrobats Association, a member of Beijing Dancers Association, President of China International Dragon Association for Cultural Studies, International Coach and Judge of Dragon and Lion Competition, and Overall Designer of the First National Lion Dance Art Competition, Wang Yuxi is above all known as the "Dragon King" and "Lion King" of China. These two honorary titles reflect his artistic achievements in the research, development and innovation of Chinese dragon and lion dance.

After the event, Chinese Ambassador to Finland Ma Keqing presented two dragons and two pairs of lions to Helsinki on behalf of Beijing as a token of the friendship between the sister cities.

In fact, beyond the dragon and lion props presented to Finland, the event went a long way towards promoting Chinese dragon and lion dance art overseas. For example, professional dragon and lion dance coaches were sent to train local volunteers and form citizens' dragon dance teams.

In 2011, the Beijing Municipal Bureau of Culture (now the Beijing Municipal Bureau of Culture and Tourism) commissioned Wang Yuxi to give a lecture on "Chinese Dragon Dance" in Estonia, a neighboring country south of Finland, alongside coaching and giving performances in Tallinn. The lecture was warmly welcomed by the local trainees. Wang Yuxi described the experience with excitement, "I was so proud to watch the 16 beautiful Estonian boys and girls, who I personally coached in dance, put on a stunning performance with golden dragons in the in Freedom Square in downtown Tallinn. The warm and joyful scenes are still fresh in my memory."

Now that Wang Yuxi has retired, his apprentice Sun Hongyuan and Sun's son Sun Xiaowei have taken over his mantle.

Sun Hongyuan, founder of Beijing Shunyuanxiang Art Troupe, began to learn martial arts in 1985 from Wang Yuxi and participated in various performances. Following the family's tradition, his son Sun Xiaowei learned martial arts from an early age and went on performance and training tours in different parts of the country and overseas, accumulating rich practical experience in dragon and lion dance.

In the autumn of 2017, the project manager of the Temple Fair from Helsinki's Cultural Office came to Beijing to discuss the plan of the 2018 event with the Chinese side, and requested the support of a professional lion dance coach.

Sun Xiaowei was undoubtedly the most suitable candidate. On January 1, 2018, he arrived in Helsinki and started a 10-day lion dance coaching program.

Dragon and lion dance trainees in class (2018)

On the first day, the staff led Sun Xiaowei to a dance room at Floor B1 at Finnish Wushu Kungfu Association. After exchanging greetings with the trainees and making a brief self-introduction, he instantly captivated the trainees' attention by demonstrating a few unique stunts from Chinese martial arts.

“It is very important to go overseas and popularize the culture and knowledge behind lion dance.” Sun Xiaowei told everyone about the origin of Chinese lion dance, and talked about the dramatic movements of the fierce “Northern Lion”, as well as the cat-like agility of the “Southern Lion”. The lore also explains some of common stunts performed during “Northern Lion” dance, such as “lion couple”, “lion cub teasing big lion”, and “big lion amusing lion cub”.

“When I showed them the Beijing cymbals, Beijing gongs and Beijing drums used in the lion dance music, I found that they were already familiar with them. I was surprised by the high artistic proficiency of the Finns and their deep understanding of Chinese culture.” Sun Xiaowei said.

According to him, these trainees selected by the Finnish Wushu Kungfu Association, with the youngest among them being 16 years old and the oldest being 40 years old, had different professions, and many were students, volunteers and office workers. They had already gone through some training and had acquired some basic skills in martial arts.

Trainees posing for a group photo (2018)

"The Finns were very diligent in class. They imitated the movements as I spoke, and were always noting down key techniques by drawing pictures in their notebooks." Sun Xiaowei said, "Finns respect nature, and love animals. So in their eyes, the mighty lion has become a lovely and respectable friend able to drive away the 'Nian' beast[①]. Their passion for lion dance was as clear as day."

In his view, the renewed understanding of the lion dance culture and its local adaptation in Finland is a concrete manifestation of the deep exchanges between Chinese and Finnish cultures. "Creativity is highly valued from elementary school in Finland. And you can see this in the trainees, who showed unrestrained imagination and a thirst for knowledge. They wanted to master each fundamental movement as well as possible."

During the 10-day training session, the trainees fully mastered the fundamentals of the movements, and were each granted a "graduation belt" by Sun Xiaowei. Since 2018, the local dragon and lion dances would appear in the Temple Fair every year. In the lively dragon and lion dances, which in themselves are a tribute to the dynamic cultural interaction between Chinese and Finnish peoples, Chinese cultural traditions are celebrated and kept very much alive over each year's cycle.

① Translator's Note: "Nian" is an evil beast in ancient Han myths. Legend has it that every midnight at the end of each year, the Nian beast would attack the village and brutally slaughter the villagers. To scare away the evil beast, people would set off firecrackers and paste Spring Festival couplets on their doors, which have become a Spring Festival custom that is still widely practiced today.

The Finns holding up Chinese Dragons and Lions

Interviewee: Jyri Sucksdorf
Chairman of Finnish Wushu Kungfu Association

This is a recurring scene in Finland's annual "Helsinki Chinese New Year" Temple Fair: in winter, on the streets of Helsinki, a team of seven dance jubilantly to the rapid drum beats with a red Chinese dragon, tossing, twirling, and circling, while ten others are dressed up as five lions (yellow, green, blue, purple and white), shaking heads and wagging tails. As the procession went on, the locals followed along the way. Adults recorded this amazing moment with cameras, and children learned simple Chinese to greet the fantastic beasts from the East...

The scene was not part of a cultural exchange program performed by the Chinese, nor was it a reproduction of this age-old tradition by the local Chinese community. Take a closer look at the dancers in colorful costumes holding up the dragon pole, you can see that they are actually native Finns.

Many dragon and lion dancers were Finns

A Finn holding up the dragon pole

A dragon and lion dance team composed of native Finns

They are a group of people in Helsinki that love Chinese culture. Working in different sectors, they are obsessed with the same oriental skill and try to help the audience understand China through their unique performances. Brought together by an email from Cultural Center Caisa in Helsinki 15 years ago, they formed a dragon and lion dance team composed entirely of Finns. Over the past 15 years, they have appeared in various art festivals and participated in the "Helsinki Chinese New Year" Temple Fair every year. As a coach, Jyri Sucksdorf, Chairman of Finnish Wushu Kungfu Association, has full confidence in their performance. "The audience has high expectations for us every year., but with each performance, we are able to ignite their enthusiasm. Whether it is a dragon or a lion dance, our lively performance is very much enjoyed by the whole audience throughout the event."

Such confidence stems from their special liking for Chinese culture and hard work. In the early days, young Finnish men and women with a love for martial arts and Jingju joined the team. "Most of them had martial arts backgrounds, and came from two local martial arts associations. There were some young people who like to sing Chinese operas." According to Jyri Sucksdorf, most of the members were between 20 and 25 years old. After so many years, their average age is now close to 40.

Dragon and lion dance is not learnt overnight; it requires rigorous training all year round. Wushu footwork, cudgel play and other basic skills needed for dragon and lion dance, are all included in the weekly training sessions. "We train at least once a week. The martial arts skills of the team members are still important for dragon and lion dance. For example, the pace of martial arts is similar to the basic movements in the dragon and lion dance, and the cudgel technique for propping up the dragon prop also requires a lot of practice."

Of course, learning to perform something exotic can be difficult. For the Finns, mastering the jumping movements in lion and dragon dance is a formidable task. "Especially lion dance, in which two lions jump back and forth together. Sometimes, one person has to carry the other person on his shoulder. This is a big challenge for us and can only be accomplished through persistent training." Jyri Sucksdorf said that as a leader, he would be strict with his team members, "and would require them to grasp a difficult movement within a specified time. Only in this way can the training be efficient."

Before each performance, the team members have to undergo intensive training. In particular, to prepare for the "Helsinki Chinese New Year" Temple Fair, they normally start two to three months in advance. As a "leader", Yuri Sachsdorf worked even harder, not only in planning activities and choreography, but also dancing in the performances and propping up the dragon head. His family almost took issue with his addiction to this hobby. Jyri

Suckdorf said that through training and performance, he has experienced a lot of touching moments. He has also had a lot of fun and feels like he now better understands the meaning of life.

Finns performing highly difficult lion dance stunts

The Finnish dragon dance team performing on stage (2018)

Chinese coaches have come to Finland many times to provide technical support, but the team members think it is far from enough. It is the dream of Jyri Sucksdorf and other team members to be trained in China, the hometown of dragon and lion dance. "In this way, we can have a better understanding of the skills of dragon and lion dance and the culture behind it."

Of course, it is important to fully consider the audience's preferences in any audience-centered performing art. As a traditional program in Chinese festivals, dragon and lion dance is common to Chinese, but might be strange to Finns. Therefore, innovation has become an important task for the Finnish dragon and lion dance team in their constant pursuit of perfection.

First of all, the lively scene created by the pounding beat of the gongs, drums and cymbals might not suit local tastes. Yuri Sachsdorf started to collaborate local musicians to create music. While adhering to the original form of dragon and lion dance, the music elements of Finland are integrated to adapt to the taste of the Finnish audience. In terms of performance, Yuri Sachsdorf did not confine themselves to the existing movements, but instead encouraged the team members to innovate. For example, they made some changes to the lion's ball throwing and catching movements. "Our ultimate goal is to make people enjoy our performance."

He even considered adding more local elements in the future. The mighty dragon and the fierce lion embody Chinese people's longing for a bumper harvest, peace and prosperity, but might not be readily understood by the Finns. So Yuri Sachsdorf boldly considered replacing the props with animals well known to the Finns. "Maybe we can wear costumes that represent local animals like bears and foxes, while still using the basic movements of dragon and lion dance. This may offer more familiarity to a Finnish audience and extend our performance beyond occasions involving Chinese culture."

After more than ten years, the traditional Chinese dragon and lion dance skills are accepted by more Finns thanks to the persistent efforts of the Finnish team. Jyri Sucksdorf said, "Every year we see tens of thousands of spectators, including many children. They like our performances very much." Their influence has even surpassed that of the dragon and lion dance team organized by the local Chinese communities. Sometimes Jyri Sucksdorf will also do some coaching and choreography for the local Chinese dragon and lion dance team.

Having participated in the "Helsinki Chinese New Year" Temple Fair for so many years, Jyri Sucksdorf is most impressed by the 12th event. "In Chinese Spring Festival culture, 12 years is a repeating cycle, with a zodiac animal representing each year. So, we had an extremely grand celebration that year." That year, the dragon and lion dance moved to a new and much larger performance venue, and saw more performers share the stage than ever before. Even martial arts enthusiasts from other cities participated. He has been obsessed with this exotic performing art for many years, which has given us immense pleasure, allowed us to experience countless touching moments, and helped us discover new meanings of life. "I found that the Finnish audiences, by watching our performance, have gained a deeper understanding of Chinese traditional performing arts."

HAYA: A Craze Set Off by An Ensemble

Interviewee:

Daiqingtana, Haya’ s Lead singer

Di Tianyao, Project Manager at Beijing Overseas Cultural Exchanges Center

HAYA’ s lead singer Daiqingtana

In the summer of 2020, HAYA rose to fame in The Band’s Summer Season 2. Di Tianyao, project manager at Beijing Overseas Cultural Exchanges Center, was extremely excited when he saw that his favorite band had made its way into the top 10. He felt as if a jewel had finally been discovered by others.

At the beginning of 2020, when he brought HAYA on a performance tour to Finland in the “Helsinki Chinese New Year” Temple Fair, the ensemble was still very small, but it was unexpectedly sought after by local young people. Recalling the performance, he could barely hide his excitement.

The grand scene of the performance (2020)

The performance took place at Oodi Central Library. HAYA had 30-45 minutes to perform, the equivalent of a small concert with 4 or 5 songs. Many young people came out to watch the performance, which was unprecedented in the previous editions. "In the past, people came with their family, and many with children, to the temple fair. When it was HAYA's time to perform, many young people came over. The stage was surrounded by young stylish guys with dreadlocks." Di Tianyao said.

During the performance, HAYA members interacted with the audience. The young audiences sang and danced to the music, cheering wildly at the climax. Di Tianyao was amazed at this warm atmosphere. He is a young Chinese who loves music bands. He also organized bands himself during his college years and even performed in Finland. He expected HAYA offer a fresh experience for a curious audience, but did not expect it to be this popular.

"Later, I tried to figure out why HAYA was so popular, and thought it had a lot to do with the promotion campaign by the Finnish organizers." He said that the organizers promoted the event in official website and Facebook in advance. Having learned about the Chinese band online, many young people came to watch the performance.

HAYA' s Performance

Daiqingtana, HAYA's lead singer, was also excited about the performance. "In the previous overseas cultural exchange activities, bands were rarely invited to perform. You need to consider many factors. For one, many musical instruments need to be carried; moreover, the sound console is also very complex. We are very happy that the 'Helsinki Chinese New Year' Temple Fair in 2020 invited us to perform."

It has been 15 years since HAYA was established. Its music style not only reflects the essence of traditional folk music in Inner Mongolia, but incorporates the elements of Kazakh and Tibetan folklore, in combination with the instrumental arrangement and beat of modern electroacoustic music. In the words of Daiqingtana, HAYA makes world music, which is characterized by the fusion of different traditions. "Our cultural background is Mongolian music, but throughout our music career, we have seen many kinds of excellent ethnic music, and almost every nation has its own unique music culture. What we want to achieve a fusion of music styles, which blends both irreplaceable local features and has some global commonality."

On top of the two events in Tallinn and Helsinki, the ensemble also held special performances in the two places.

Daiqingtana found the audiences in the two places to be different in many significant ways. "At our special performance in Estonia, the atmosphere was very good, but the audience was calm, and then I wondered if it was because they couldn't understand our music or because we didn't perform well that day. Later, after we finished the performance, an audience member came up to us and said our music was brilliant, but Estonian audiences remain calm throughout a performance, and they are a bit too shy to release their emotions."

When we arrived in Helsinki, it was completely different. Daiqingtana remembers that the last performance was staged on the Square of the Glass Palace, and the atmosphere that night was superb. "After we finished the performance, the audience approached us for a chat, and even brought us food and drink. They felt that after watching the performances of Chinese New Year for so many years, this was the first time they got to see a band like us and hear these kinds of vocals from China. They thought our music was fantastic."

This is true. Andy, an audience member from Helsinki, said, "I am specially here for HAYA today. I have participated in many Chinese New Year events before, and I am very excited to enjoy original music from the Beijing ensemble this year. We also learned about the diverse, multi-faceted and multi-ethnic Chinese culture through their performances. It was a wonderful experience."

This exciting trip has also provoked Daiqingtana's way of thinking. From her point of view, the cultural exchanges between China and other countries in the early years foregrounded art forms such as Jingju and folk music. "These represent the quintessence of Chinese culture, and are particularly important for increasing the visibility of Chinese traditional culture. But as time goes by, can we also dig up some contemporary Chinese art and culture? It is the art and culture riding the tides of the time, such as modern dance. China has a vibrant modern dance scene, and new musical styles like ours are eye-openers." She believes it is a good idea to incorporate elements of Chinese contemporary art in "Helsinki Chinese New Year" while presenting traditional art, as fusion has the power to arouse a resonance among audiences.

HAYA was well accepted by young Finnish people, which also made

Di Tianyao and his colleagues further realize the importance of diversified cultural representation.

"I am very excited to see the performance of HAYA, and I personally admire this modern art form. I think there is still a lot of room for future development. It is music that transcends borders, and an international language able to strike a chord with the audience." In his view, The music of HAYA has a kind of international style, which has attracted a broad target audience. It is loved and accepted by music fans all over the world, especially young people. "They presented Chinese culture in a way that went beyond the traditional impression in Westerners' minds. They showed Nordic people the music that Chinese young people like today, and also the achievements of Chinese pop music. The success of HAYA in the event is indeed encouraging, and we will try to recommend such programs to Finland in the future."

In the past 15 years, the screening of programs in the "Helsinki Chinese New Year" Temple Fair, despite constant changes and innovations, has always adhered to an eternal theme, that is, the charm of Beijing and the cultural traditions of China. When these elements are brought together, they converge into a unique experience of Chinese culture. The joining of HAYA as a result of innovation and breakthrough represents the beauty of the fusion between Chinese and Western cultural traditions.

Postscript

A Glorious New Chapter in Sister-city Relationship

Sun Bo, Director, Beijing Overseas Cultural Exchanges Center

Director of Beijing Overseas Cultural Exchanges Center Sun Bo (second from right) at the "Helsinki Chinese New Year" Temple Fair (2015)

2021 marks the 15th year of the annual "Helsinki Chinese New Year". To review the development of this highly successfully event and the efforts made by both sides, we started working on this book in 2020, for which we have done interviews and invited articles. With the COVID-19 pandemic raging around the world in 2020, we were not able to meet with our old friends in Finland as we had throughout the past decade; instead, we exchanged greetings online, revisiting the past and looking into the future together. We interviewed more than 20 important participants from Beijing and Helsinki, including government officials, directors and artists that had participated in the performances, and young volunteers. It was a joyful, meaningful and memorable experience to see how the articles in this book took shape with the memories and narration of each person interviewed.

Since the reform and opening up, China has made remarkable achievements in economics, politics, culture, and diplomacy. China's fast-growing economy and rising national strength have empowered the communication of Chinese culture. One after another, Chinese New Year events were held around the world by overseas Chinese, and Chinese embassies and consulates expressed to the Ministry of Foreign Affairs and Ministry of Culture (now Ministry of Culture and Tourism) their hope for China to send professional troupes to perform in these events. Since 1998, the Chinese central government, local governments at all levels and embassies have held Chinese New Year celebrations all over the world. These events were officially named "Happy Chinese New Year" events in 2009. In 2010, the first "Helsinki Chinese New Year" series staged 65 cultural events in 42 countries and regions spanning five continents. In 2019, the "Helsinki Chinese New Year" series expanded to 396 cities in 133 countries and regions around the world, with a total of 1,500 events.

Audience at the "Happy Chinese New Year" Temple Fair

The gate to the Temple Fair was one of the most "Chinese" elements at the event

The fireworks show added to the air of festivity

Beijing has been an active participant in overseas Chinese New Year celebrations, especially in Helsinki, where the celebration has become exemplary among all "Helsinki Chinese New Year" events. Over the past 15 years, more than 50 art groups and over 490 professionals from Beijing have participated in Chinese New Year celebrations. With an ever-expanding audience and growing influence, the "Helsinki Chinese New Year" event saw its main venue move from the Square of the Glass Palace to the central commercial street, and then to the Oodi Central Library. The event was warmly received among the local communities and widely recognized in Finland, the Nordic countries and the Baltic region as a localized signature event driven by market forces. It has also been commended by China's Ministry of Culture and Tourism as a good example of Chinese culture "going global".

"Chinese Dragon" dancing along Helsinki's central streets

"Chinese Dragon and Lion Dance" combining Chinese and Finnish elements

In April 2017, President Xi Jinping published a signed article under the title "*Our Enduring Friendship*" ahead of his state visit to Finland, in which he mentioned that "the annual 'Helsinki Chinese New Year' fair, held in Finland for the past 11 years, has become a popular winter event anticipated by many Finns." To thoroughly implement President Xi's instructions, during the Spring Festival of 2018, Beijing upgraded the Chinese New Year temple fair into "Happy Chinese New Year Beijing Week" series, which further promoted exchanges and cooperation between the two cities in fields such as economy, trade, science and technology, youth sports, education and tourism at various levels. For example, Beijing's U12 ice hockey team visited Finland and achieved good results in the "Happy Chinese New Year Beijing Week" youth competition. "Beijing Week" has served as a platform that promotes in-depth exchanges and cooperation between Helsinki and Beijing Organizing Committee for the 2022 Winter Olympics in athlete training and competition, winter Olympic sports facilities and equipment, and related skill development. In February 2018, "Helsinki Chinese New Year" went to Santa Claus's hometown Rovaniemi for the first time, holding a flash event with the theme of the Chinese Zodiac Dog. During the Spring Festival in 2021, the "Helsinki Chinese New Year" online event was launched, for the first time combining "offline" activities and "online" live-streaming, which registered nearly 10 million views on major platforms in China and 480,000 views overseas.

The "Helsinki Chinese New Year" Temple Fair is an elaborately created cultural event made possible by the joint efforts of the cultural authorities of Beijing and Helsinki. The unique Beijing Temple Fair has become a popular festival for the Finns, delighting them in the cold and long winter nights as they look forward to the return of spring. Modelling on the event, Beijing and Helsinki jointly planned the "Moi Helsinki" Beijing Week in 2016, which was warmly received among Beijing citizens, who were deeply impressed by the unique cultural and artistic charm of Finland and Northern Europe.

The world today is undergoing profound changes unseen in a century. Despite rising uncertainty and instability across the globe under the COVID-19 pandemic, the momentum towards a multi-polar and economically globalized world remains unstoppable, with the destiny of mankind intertwined more closely than ever before. Under the new situation where opportunities and challenges coexist, it is particularly important to maintain exchanges and mutual learning among civilizations. In the future, we will work with our Finnish partners to explore innovative approaches and means for organizing "Chinese New Year" events in the new context, in a bid to develop these events in northern Europe into an important platform for promoting global cultural exchanges and mutual learning among civilizations. We will fully capitalize on the rich resources of Beijing, China's national cultural center and the center for international exchanges, and boost cooperation in diverse fields facilitated by cultural exchanges, as part of Beijing's effort to realize its vision for future development. In doing so, we will further promote cooperation between the two cities in terms of economy, trade, science and technology, tourism, education and sports at different levels, which will undoubtably bring our sister-city relationship to new heights.

We would like to dedicate this book to the citizens of both cities who have participated in the "Helsinki Chinese New Year" Temple Fair over the past years, and to the leaders, artists and people in the two cities who have contributed to the event. We would also like to thank important participants for their many valuable suggestions for the revision of this book.

图书在版编目(CIP)数据

赫尔辛基过大年:芬兰“欢乐春节”文化庙会活动 15 年回眸 / 李红艳编著. -- 北京:中国传媒大学出版社,2021.12
ISBN 978-7-5657-3056-6

Ⅰ. ①赫… Ⅱ. ①李… Ⅲ. ①中华文化—文化交流—庙会—介绍 Ⅳ. ①G125

中国版本图书馆 CIP 数据核字(2021)第 209204 号

赫尔辛基过大年:芬兰“欢乐春节”文化庙会活动 15 年回眸

HEERXINJI GUO DANIAN:FENLAN“HUANLE CHUNJIE”WENHUA MIAOHUI HUODONG SHIWU NIAN HUIMOU

编　　著　李红艳
策划编辑　曾婧娴
责任编辑　曾婧娴
特约编辑　钟晓晨
封面设计　拓美设计
责任印制　李志鹏

出版发行　中国传媒大学出版社
社　　址　北京市朝阳区定福庄东街 1 号　　邮　　编　100024
电　　话　86-10-65450528　65450532　　传　　真　65779405
网　　址　http://cucp.cuc.edu.cn
经　　销　全国新华书店

印　　刷　北京中科印刷有限公司
开　　本　710mm×1000mm　1/16
印　　张　19.75
字　　数　362 千字
版　　次　2021 年 12 月第 1 版
印　　次　2021 年 12 月第 1 次印刷

书　　号　ISBN 978-7-5657-3056-6/G · 3056　　定　　价　108.00 元

本社法律顾问:北京李伟斌律师事务所　郭建平